TU M'AS FAIT REMONTER DE L'ABÎME

Chrystelle Court

TU M'AS FAIT REMONTER DE L'ABÎME

La souffrance transfigurée

Témoignage

Éditions de l'Emmanuel

37, rue de l'Abbé-Grégoire, 75006 Paris

ISBN 978-2-35389-040-8

PRÉFACE

« Je veux témoigner de la joie et de la paix qui m'habitent, moi qui ai beaucoup souffert physiquement et moralement. » Tel est le but que Chrystelle donne à ce témoignage de sa vie, que vous allez lire.

Pourtant, que d'épreuves elle a vécues ! Et quelles lourdes difficultés affectent chaque minute de son existence ! Handicapée motrice profonde, elle enchaîne les opérations chirurgicales, les longues convalescences et les séjours en maisons spécialisées ; elle connaît intensément la souffrance physique. Par son état, plus sensible que d'autres aux inévitables contradictions et incompréhensions de l'entourage administratif, Chrystelle parvient à surmonter tous ces obstacles. Elle le doit d'abord à l'affection de ses parents et des personnes qui la soignent, puis à la relation de plus en plus personnelle et intense qu'elle vit avec Celui qui est venu partager notre condition et nos souffrances, et nous montrer comment grandir spirituellement, même au sein des plus profondes épreuves.

Chrystelle a compris que Dieu lui confiait, à elle aussi, une mission sur la terre, et les moyens de la remplir. De plus en plus, elle s'est « laissé modeler par le Seigneur ». Dieu l'a peu à peu éclairée, et elle a compris qu'Il l'appelait à se consacrer toute à Lui. En 2003, j'ai eu la joie de lui donner la consécration des

Vierges, au milieu d'une assemblée qui participait profondément à cette liturgie. Et toute sa vie a reçu un rayonnement plus grand, une intensité nouvelle !

« Le Seigneur m'a appris à regarder le malheur en face pour le dépasser. Il est clair, pour moi, que les handicapés, dans l'opinion publique, sont des condamnés. La meilleure preuve en est que tout est fait pour les empêcher de naître... Je réalise que je suis une “survivante”, si heureuse de vivre, et j'ai découvert toute la richesse qui me comble... Comment communiquer ce que je vis à ceux qui m'entourent ?... Le Seigneur m'a dit : “Sauve les âmes”... Aimer les autres en aimant le Seigneur. Pour moi, c'est l'essentiel. »

Oui, comme le dit Chrystelle : « Le défi du handicap ne peut être relevé que par le haut. » Cela est d'ailleurs valable pour tous les défis de la vie !

La lecture de ce témoignage lumineux nous aidera à répondre à l'invitation du prophète : « Lève les yeux et regarde au loin... Que ton cœur tressaille d'allégresse » (Is 60, 4-5).

Cardinal Philippe BARBARIN.

Remerciements

Mon « Merci » et ma reconnaissance vont :

– à mes parents : je leur dois la vie. Ils ont été, et ils demeurent, pour moi un soutien sans faille ;

– au professeur Picaud (aujourd'hui disparu) et à tous les personnels médicaux, paramédicaux et sociaux : ils m'ont aidée à survivre et à conquérir un peu d'autonomie ;

– à son Éminence le cardinal Barbarin : en m'accueillant dans l'Ordre des vierges consacrées, il a donné tout son sens à ma vie.

AVANT-PROPOS

POURQUOI RACONTER MA VIE ?

Ami lecteur,

Je m'appelle Chrystelle Court. Je suis née le 21 octobre 1970 à Saint-Étienne. Au moment où je raconte ma vie, j'ai trente-six ans. Comme beaucoup de Français, mes parents m'ont fait baptiser. Ils ne sont pas pratiquants et plutôt indifférents. Lorsque je leur parle de mon goût (actuel) pour la prière, ils me disent : « C'est ton truc ! » et maman d'ajouter : « Toi, comme Obélix, tu es tombée dedans ! » Nos échanges dans le domaine qui me passionne s'arrêtent là. C'est dur. Je dois tellement à mes parents. Ils ont été si merveilleux, si attentifs et dévoués ! Encore aujourd'hui, d'ailleurs... Quel drôle de parcours aura été le mien !...

Sans le savoir (l'Esprit souffle où il veut), papa et maman ont tracé mon chemin, en me donnant le prénom de Chrystelle. Dans l'oratoire de la Maison Saint-Louis, à Roanne, il y a, derrière l'autel, deux vitraux qui résument mon destin. Le premier, à gauche, traduit en images quelques invocations bibliques (et si poétiques) adressées à Marie, Mère de Dieu : *stella matutina* (« étoile du matin »), *vas spirituale* (« vase de l'Esprit »), *hortus conclusus* (« jardin secret »), etc. Chacune des invocations comble mon cœur, tant elle correspond à ce que je vis avec Marie et grâce à Elle. Le second vitrail, à droite de l'autel, rappelle la torture et l'immense souffrance physique et morale de la passion du Christ. Ce vitrail trouve de profonds échos dans ma chair et dans mon esprit. Et cela me ramène à la première invocation mariale (en haut à gauche de l'autel) : *stella matutina* (« étoile du matin »). C'est l'étoile du berger, celle qui me donne un repère. Le vitrail le traduit bien. Une grande étoile éclaire la nuit finissante. Un modeste vaisseau « marche à l'étoile ». Sa voile est marquée d'une croix. Elle est gonflée par le souffle de l'Esprit. Mon regard revient toujours sur l'étoile. Elle est un appel. « Chrystelle » : en latin, on dirait *Christi stella* (« étoile du Christ »). Sans être une star, ni une vedette, mais devenue l'épouse du Christ par ma consécration, entre les mains du cardinal Barbarin, dans l'église Saint-Étienne de Roanne, le 21 décembre 2003, j'ai soif, depuis des années, de communiquer mon témoignage, de répéter à tous ceux que je rencontre la joie et la paix qui m'habitent. Je veux leur dire : « Regardez mon parcours ! » J'ai navigué sur une mer démontée. J'ai connu bien des naufrages. J'ai trop souffert physiquement et moralement. Je n'ai pas le droit de me taire et de laisser la parole aux marchands de désespoir. Au lieu de nous tendre une bouée, à nous les handicapés, ils nous mettent la tête sous l'eau. Ils nous étouffent, ils nous claustrent, ils nous rejettent. Écoutez les discours médiatiques ! Au-delà des bonnes intentions, dont personne ne doute, les discours sont la plupart du temps, *volens nolens* (qu'on le veuille ou non), pharisaïques. J'ose dire que c'est normal. Il faut avoir tellement souffert pour comprendre le chemin rocailleux et désolé qui est le nôtre ! En vérité, les « bien portants » ont peur du monde des handicapés. C'est un monde inconnu. On oublie que les handicapés ont une âme. On aménage le décor qui les entoure. On est incapable de briser le mur de la prison qui enferme leur âme.

Frères et sœurs handicapés, vous vivez, jour et nuit, dans la souffrance. Votre corps est meurtri. Le mien a été broyé. Je suis totalement dépendante. Votre esprit, humilié, sombre souvent dans le désespoir. J'ai connu ce gouffre. J'en suis sortie. Comment ? C'est là l'objet de mon témoignage. Je vais vous raconter tout cela.

Et toi, le « bien portant », si tu ne « manges » que du scoop, si ta contemplation s'arrête à celle des mannequins des revues à la mode, si tu ne crois à rien, ferme ce livre ou jette-le... à moins que ta curiosité, même piquée par le « voyeurisme », ne reprenne le dessus... Alors, lis !... Ne t'arrête pas ! Si Dieu veut, dans mon aventure, incroyable mais vraie, tu reconnaîtras la main qui m'a guidée, sans que je le sache... et peut-être te poseras-tu les bonnes questions.

CHAPITRE PREMIER

LES BRAS DE MAMAN
De la naissance à sept ans

Mes parents habitent dans la Loire, à Saint-Genest. Je suis née le 21 octobre 1970 dans une clinique à Saint-Étienne, à six mois et demi. J'étais une grande prématurée. On m'a mise immédiatement en couveuse. Rapidement, j'ai eu droit à une première transfusion, la première d'une longue série. J'avais des difficultés à fixer le fer. Peu après l'accouchement, le médecin est venu voir maman dans sa chambre et, brutalement, il a lâché : « Votre enfant ne survivra pas ! » J'imagine la peine et les larmes de maman. Blessée, elle a décidé, devant ce petit corps, « fruit de ses entrailles », de se battre de toutes ses forces.

Mais, avant de me prendre dans ses bras, il lui a fallu attendre. J'ai passé mes trois premiers mois en couveuse. C'est là que ma vue aurait déjà subi une première atteinte. Sur ma tête on sent une bonne cicatrice. C'est le souvenir de mon séjour dans l'incubateur, où je m'agitais beaucoup, m'a-t-on dit. Tous les jours, mes parents venaient se pencher sur moi, guettant un éventuel progrès. 1 200 grammes à la naissance, 4,900 kg à quatre mois. Je suis sortie de la couveuse le 16 janvier 1971, jour exact de l'anniversaire de mon papa. Pour lui et maman, c'était un jour de fête, et même de double fête. J'arrivais enfin à la maison pour prendre place dans mon berceau. L'épreuve semblait appartenir au passé. En réalité, elle n'avait pas commencé. Maman me couvait et prenait mille et une précautions. Elle avait eu tellement mal en recevant, de plein fouet, le diagnostic des médecins : « Elle est trop menue, elle n'ira pas loin... » Pour maman, ma taille n'était pas un argument. Sa fille était là. Elle sentait, elle savait que je pouvais vivre. Si bien que, jusqu'à l'âge de deux ou trois ans, mes parents se sont peu inquiétés de ma faible croissance. Les médecins s'étaient inclinés devant mon obstination à vouloir vivre. Chacun pensait que mon retard était dû à la prématurité. Petit à petit, tout rentrerait dans l'ordre. Mais avec le temps il a fallu déchanter. En regardant mes cousines et cousins du même âge, mes parents ont compris qu'il y avait un problème. Alors, ils m'ont observée plus attentivement. Ils ont relevé quelques symptômes inquiétants. Ma tête restait souvent penchée. Mes jambes, déformées, demeuraient croisées. En position assise, je ne trouvais pas l'équilibre. Un faible contact me faisait basculer. Mes mains ne m'obéissaient pas. Mes gestes, accompagnés de tremblements, se refusaient à toute coordination. L'inquiétude s'est installée.

Le pédiatre qui me suivait depuis ma naissance a conseillé à mes parents de prendre contact avec un kinésithérapeute. Je n'avais que trois ans, mais je me souviens des séances douloureuses qu'il m'a fallu subir, trois fois par semaine. Le kiné ignorait les déformations profondes de mon système osseux. Ces anomalies ne seraient révélées que plus tard avec les examens radio. Il a donc tenté différents exercices, tous plus pénibles et inefficaces les uns que les autres. Il me posait à plat ventre sur le sol, me faisait ramper. Il essayait de me mettre à quatre pattes. Pour redresser mes jambes, j'avais droit à des séances d'élongation, une vraie séance de torture. Le kiné tirait sur mes jambes pour les « décontracturer », puis il les massait. Résultat : un moment de bien-être et la douleur revenait en force. Pour faire réagir mes mains, des objets m'étaient présentés, sans succès. La recherche des « acquis » se soldait par un échec. Dans un second temps, le kiné s'est tourné vers mes parents. Sous sa direction, en suivant ses conseils, papa et maman me faisaient travailler. Cette formule libérait du temps pour les autres clients. Finalement, le kiné a jeté l'éponge. Il nous a adressés à un spécialiste des os (colonne vertébrale et hanche). C'est ainsi que je me suis retrouvée à la clinique Robespierre (tout un programme…) à Saint-Étienne. Avec soulagement, je quittais la kinésithérapie. À trois ans on enregistre bien. J'ai vécu un tel cauchemar qu'aujourd'hui tout mon corps proteste quand je pénètre dans un cabinet de kiné.

À Saint-Étienne, le professeur Picaud m'a examinée et fait examiner, sous toutes les coutures, par nombre de médecins. Le bilan des explorations fonctionnelles a révélé l'existence d'un chantier impressionnant. Il a été établi que, dès ma naissance, j'étais atteinte de tétraparésie spastique congénitale avec troubles urinaires. Ces termes techniques veulent dire que les muscles de mes quatre membres, en rupture avec le cerveau, connaissaient des contractions involontaires et convulsives. Ceux qui souffrent de crampes ou de tendinite auront une idée de ce que m'imposaient les contractures à répétition. Grâce à Dieu, le professeur

Picaud m'a suivie, pas à pas, à partir de 1974. C'est à lui et à ceux qui l'ont secondé, puis remplacé (après son décès) que je dois d'avoir conquis le maximum possible d'indépendance physique. Je garde au professeur une grande reconnaissance. Il a disparu. Je ne peux pas l'oublier. Je lui dois trop ! C'est lui qui a déterminé mon handicap, revêtu d'un nom inconnu de beaucoup : la maladie de Little. Il semblerait que certaines cellules de mon cerveau n'aient pas eu le temps de se développer en raison de ma naissance prématurée. Est-ce le cas ? Je ne sais pas. C'est ce qu'on m'a dit. D'autres cellules seraient mortes ou endormies. Les cellules du cerveau ne se régénèrent pas. Mon cerveau commande difficilement. Cette anarchie implique les déformations, les raideurs, les spasmes, les contractions, le manque de synchronisation des gestes. En grandissant, j'avoue que j'ai mal « avalé » cette panne du cerveau. Je n'ai pas de handicap mental. Ma tête fonctionne bien. Ma « tour de contrôle » se rend compte de tout. Mais les ordres passent mal. Le trafic part dans tous les sens. Très tôt, il m'aura fallu développer ma volonté pour répéter mille fois le même geste, jusqu'à ce qu'il devienne précis. Encore aujourd'hui, le geste le plus anodin mobilise toute mon énergie.

Le professeur Picaud a précisé l'origine de mon handicap moteur. Il a pu photographier le résultat de l'anarchie du chantier de mon corps. Mes jambes apparemment inégales (8 cm de moins du côté gauche) suivaient en réalité la déformation de mon bassin. De plus, elles n'étaient pas positionnées correctement. Elles étaient en position dite valgus. De surcroît, les têtes des fémurs étaient engagées de travers dans le logement du bassin. Elles épousaient un angle de rotation qui renvoyait les jambes vers l'intérieur. Ce n'est pas fini ! Le col du fémur, lors de sa formation, avait effectué un virage dangereux à la hauteur du trochanter. L'année 1974 restera marquée par ma prise en main par le professeur Picaud. Il a décidé d'entamer une longue route qui devait me conduire à un peu d'indépendance... mais à quel prix ! Si j'avais su ce qui m'attendait... Je ne sais pas comment j'aurais réagi... De 1974 à 1996, ces 22 années allaient se transformer en parcours du combattant. Les « coups », les blessures, les angoisses, les souffrances ne me seraient pas épargnés. À quatre ans, j'entamais une lutte interminable. Elle me ferait plonger au fond du trou. Je n'oserais plus croire à la lumière... et pourtant... mais c'est une autre histoire.

1974, c'est le lever de rideau sur un premier acte : en janvier, ténotomie et, en février, dérotation et varisation. La ténotomie consiste à couper les adducteurs pour abaisser les jambes remontées et croisées, en position fœtale, et tracter ces jambes en position droite. La dérotation, c'est tourner le fémur sur son axe pour tenter de lui faire réintégrer son logement. Les fémurs partaient en valgus et les têtes sortaient de leur logement. Par varisation, le fémur est cassé, redressé pour reprendre une forme normale.

Pendant les opérations au bloc, tu dors. Mais il y a les suites... Au réveil je me suis retrouvée coincée dans des gouttières en plâtre qui immobilisaient mes jambes, des pieds au bassin. Ces gouttières étaient elles-mêmes écartées l'une de l'autre par une barre métallique pour interdire le croisement des jambes. À quatre ans, tu souffres. Tu ne te poses pas trop de questions. Tout ce que tu sais, c'est que tu as mal. Ah ! ça ! tu as mal, je m'en souviens ! Aujourd'hui, en regardant les croquis du docteur Caravano, je réalise la complexité du travail des chirurgiens. Je sais pourquoi j'ai tant peiné. Mais, à quatre ans, je n'attendais que les bras de maman et la présence de papa. C'était mon seul refuge rassurant. Je ne comprenais rien à ce qui m'arrivait. Combien mes parents ont dû souffrir de leur impuissance à me soulager !

Dès avril 1975, à cinq ans, je me retrouve sur la table d'opération. Avec la croissance, les muscles tirent sur les plaques et les vis. Ce matériel devient un instrument de torture. Il faut l'enlever et nettoyer. De cet épisode, je garde uniquement l'image des plaques retirées de mes jambes. Maman me les a montrées. Ces plaques, je les verrai réapparaître plusieurs fois. La remise en place du fémur gauche nécessitera trois interventions. Les contractures des muscles (voir la maladie de Little) pouvant démolir le travail des chirurgiens, les plaques venaient consolider la reconstruction de l'os. Mais la croissance, tel un clignotant douloureux, imposait une nouvelle opération et la pose d'une nouvelle plaque. Pour le reste, entre les examens, les consultations, les bilans, les séances de rééducation, j'étais « trimbalée » de tous les côtés. Dans mes souvenirs, tout se mélange. J'étais vraiment « gâtée » ! Le rituel des vaccins a soulevé des contre-indications. Par exemple, pour l'antivariolique : contre-indication définitive... S'il n'y avait eu que cette contre-indication... Attendez !

Dès quatre ans, j'ai senti que j'étais « à part ». Attachée sur une poussette-canne pour m'empêcher de tomber, j'étais différente des enfants de mon âge, que je voyais courir. Je commençais à comprendre les obstacles dressés sur la route du handicap. Mes parents voulaient me scolariser. Ils ont donc tapé à la porte de l'école communale. Cette solution, tout en m'offrant un dérivatif, les aurait soulagés, d'autant plus que l'école se trouvait à deux pas de la maison. La directrice a refusé catégoriquement mon inscription. Elle voulait, disait-elle, « éviter de donner trop de travail au personnel » ! Je suis donc restée dans « les bras de maman », chez moi, jusqu'à l'âge du primaire. Je voyais mes cousines aller à l'école et moi je ne faisais rien. Je disais à maman : « Pourquoi ? Mais pourquoi je reste là ? » Souvent, je pleurais. J'étais lucide sur mon état. Je répétais : « J'en ai marre ! » À l'époque, je n'avais pas de fauteuil roulant. Pour vaquer à ses occupations, maman m'attachait sur une chaise. Je me sentais prisonnière, comme le condamné mis aux fers. Maman essayait de me distraire, en posant devant moi des petits jeux, en invitant, l'après-midi, des amis ou de la famille. Comment rompre la monotonie des journées ? Tout comprendre et ne rien faire comme les autres, c'est dur. C'était dur, mais aujourd'hui je me dis : « Ça devait être comme ça ! » Il y avait une raison. Laquelle ? À quatre ans, je ne pouvais pas y répondre. Aujourd'hui, je remercie le Seigneur de m'avoir donné des parents comme les miens. Ils m'ont gardée à la maison. Certains handicapés sont placés dès leur naissance et ne voient que très peu, ou pas du tout, leur famille jusqu'à leur mort. Toute une vie en institution, en foyer, en hôpital... Horrible !... C'est maintenant que je réalise la chance que j'ai eue... Cette chance, pour moi, c'étaient les bras de maman. Maman me redit souvent : « Tout ce que nous avons fait pour toi, c'est normal... » Je lui réponds : « Sans doute ! Mais j'ai été gâtée avec vous. D'autres n'ont pas connu ce bonheur. » Je n'ai pas à juger leurs parents. Mais ce que je sais, pour les fréquenter de près, c'est la souffrance qui habite le cœur de ces abandonnés. Maman a tout fait pour rester auprès de moi. Elle n'a pas hésité à abandonner son travail à l'extérieur. Un vrai bienfait ! Depuis l'éveil de ma conscience, je n'aurai connu que la douceur affectueuse de ses bras. Quelle grâce ! Quel don permanent, sans limites, de jour comme de nuit. Si, aujourd'hui, maman a mal au dos, c'est la signature de toutes ces années où, pour le moindre déplacement, je passais dans ses bras. Elle a d'ailleurs récolté une hernie discale et connu, à son tour, le buste pris dans le plâtre... Comment traduire ma reconnaissance pour tant d'amour ? Maman m'a avoué : « Toute petite, dès que j'étais absente, tu refusais de manger, tu pleurais à chaudes larmes, tu me faisais des reproches : "Maman, pourquoi tu m'as laissée ?" Alors j'étais là presque tout le temps. » Aujourd'hui encore, maman se soucie de moi dans les moindres détails. Qui peut remplacer une maman ?

Et ton père ? direz-vous. Les revenus de la maison, bien que modestes, s'étaient encore amenuisés avec la décision de maman d'abandonner son salaire pour rester près de moi. Papa a dû travailler davantage. Mes parents étaient jeunes. Ce « malheur » leur tombant dessus, ils ont fait face avec amour, sans calcul. Ils ont renoncé à beaucoup de choses. Papa travaillait en usine dans la banlieue de Saint-Étienne. Profitant de ses différents permis de conduire, il s'est imposé un second emploi, comme ambulancier et faisant le taxi. Le soir, il rentrait fatigué. Il ne se plaignait pas. Je n'ai manqué de rien. Quand il était présent, papa s'ingéniait à m'occuper l'esprit, puisque c'était (et c'est encore) la seule activité qui m'était permise. J'aimais sa présence calme et attentive. Maman était plus nerveuse : « Il n'y a que ton père qui compte ! » J'entendais souvent ce refrain...

Vous l'avez compris, pour moi, la présence de papa, les bras de maman, quelle merveille ! Et pourtant, la claustration me pesait. Ma tête travaillait à toute allure sans relâche. Débordante de curiosité, je n'aspirais qu'à découvrir le monde, la vie ! À sept ans j'allais connaître une véritable révolution dans le tourbillon d'un « marathon quotidien ».

CHAPITRE II

LE MARATHON QUOTIDIEN
De sept à dix ans

« Métro, boulot, dodo ! » Le métro mis à part, le marathon parisien a envahi la France. Pour beaucoup, il tourne au cauchemar. Pour moi, à sept ans, c'est le « lever de rideau » sur un grand bonheur. Enfin l'école ! Enfin, j'étais comme tout le monde ! Comme tout le monde, j'allais vivre le « marathon quotidien ». Après des années de claustration, quelle libération ! Mes parents avaient obtenu mon inscription dans une école spécialisée pour handicapés moteurs, à Saint-Étienne. Après de nombreux tests, les psychologues avaient rassuré papa et maman. J'avais un QI (quotient intellectuel) normal et même au-dessus de mon âge. Ce qui s'explique facilement. Dès l'éveil de la conscience, ma seule activité était celle du cerveau. Il fonctionnait en permanence et à toute allure. J'observais beaucoup. J'écoutais tout. Le moindre détail, le moindre regard retenaient mon attention. J'échafaudais des tas de projets, de vrais châteaux en Espagne. Je rêvais beaucoup, sans, pour autant, me détacher du réel. J'ai vite appris à décoder, dans les conversations, les termes choisis, les intonations, l'expression des visages et, surtout, ce qui se tramait dans la tête des médecins...

Vous l'avez compris, dans ma situation, j'avais grand besoin de savoir, de connaître, d'être rassurée. Ma curiosité était insatiable. Elle a explosé lorsque j'ai pu sortir de la maison : « Maman, qu'est-ce qui est écrit là ? » « Maman, qu'est-ce qu'il y a dans cette grande maison ? » « Qu'est-ce qu'on fait dedans ? Comment ? Pourquoi ? » Les « pourquoi ? » pleuvaient. « Tu me fatigues, arrête ! » soupirait maman.

Dans la multitude des points d'interrogation, il y a une question qui est, pour moi, encore aujourd'hui, restée sans réponse. Peut-être toi, lecteur, trouverais-tu les mots que je cherche. Dans mon parcours chaotique, souvent inquiète, et même angoissée, je demandais mille explications. J'entendais toujours la même réponse : « C'est normal ! » J'insistais : « Et pourquoi c'est normal ? » Message en retour : « Parce que c'est comme ça ! » Alors je me demande à nouveau : « Qu'est-ce que ça veut dire : "C'est normal" ? »

Ceci dit, normale ou pas, l'école était devenue pour moi un rêve enfin réalisé. Je découvrais tant de choses... Chaque matin, dès mon réveil, j'appelais :

« Maman, c'est l'heure, je vais à l'école !

– Attends ! Il est trop tôt ! »

Il me fallait patienter, d'autant plus que les soins, au lever, exigeaient du temps. C'était toute une affaire. Après la toilette, maman me posait sur la table de la cuisine et m'enfermait dans les appareils de soutien. Des « jambières » me prenaient des pieds au bassin. Du bassin aux aisselles, le lombostat (un corset de cuir) m'interdisait les mauvaises positions du buste. De la base des chaussures orthopédiques, énormes et lourdes, jusqu'aux aisselles, remontaient des barres de fer, sur lesquelles se fixaient quatre systèmes de bouclage des jambières et du corset ; le premier à la hauteur des genoux, le deuxième à la limite inférieure du bassin, le troisième à la ceinture et le quatrième aux aisselles. Tel le chevalier du Moyen Âge dans mon armure, j'étais parée pour le combat de la journée...

Bonjour le confort ! L'été je transpirais là-dedans ; le soir, à la maison, j'étais libérée de ce carcan. J'avais des rougeurs partout. C'était dur pour maman de me retrouver dans cet état. Mais, le lendemain, rebelote... Au fil des semaines, ma croissance venait contrarier mon équipement réalisé sur mesure. Donc, nouvelles mensurations, nouvelle demande de prise en charge à la Sécurité sociale (trois mois de délai), nouvel appareillage (deux mois)... et nouvelle déconvenue : j'avais grandi... À maman, je disais : « J'en ai marre, ça recommence tout le temps ! » À part ça, tout « allait bien »... Je pouvais partir à l'école. La porte de la maison s'ouvrait sur la vie. Pour mes yeux d'enfant, je découvrais des merveilles, mais aussi des réalités cruelles.

Quand j'ai connu Christian, j'avais huit ans, il en avait quatorze. Il me paraissait très grand. Chaque matin, le même taxi nous ramassait, avec trois autres handicapés. Sa maman le portait de son fauteuil roulant sur le siège, à côté du chauffeur. Là il pouvait caser ses grandes jambes. Christian était myopathe. Le rendez-vous quotidien m'a fait découvrir cette terrible maladie. Christian avait tout son intellect. Il se sentait dépérir. Je ne l'ai jamais entendu se plaindre. Assise derrière lui, dans le taxi, je voyais basculer sa tête en avant ou sur le côté. Au prix de nombreux efforts, car mes mains, déjà, m'obéissaient d'une façon désordonnée, je redressais sa tête. Très vite, elle retombait. Ça me faisait mal. Je savais qu'il respirait avec difficulté. Les myopathes peuvent plus facilement mourir étouffés. Avec Christian (et avec d'autres enfants), je découvrais la mort. De jour en jour, je voyais Christian faiblir. Son souffle était plus court. Un matin, sa place est restée vide. J'ai compris que la mort était à notre porte. Le chagrin était là, mais, très vite, moi et les autres, nous nous sommes habitués. Avec les « départs » (j'en ai vu des dizaines...) la mort était devenue une compagne acceptée.

Bien des fois, j'ai été proche de la mort. À chaque pré-anesthésie, je savais que je pouvais disparaître. Cela ne me faisait pas peur. J'ai eu la chance de survivre après chaque opération, j'ai échappé à l'étouffement. En revenant sur cette période de Saint-Étienne, je revois beaucoup de visages connus et aimés, maintenant disparus. La foi que Dieu m'a accordée me tient dans l'espérance de retrouver un jour tous ces compagnons, brisés dans leur parcours avant d'avoir vécu. Cette certitude me donne la paix et balaie les vagues d'angoisse. J'ai appris, à dure école, à aimer avec force. Tout ce que je traverse a changé de sens. Déjà, dans cet établissement spécialisé pour les handicapés moteurs, le sentier rocailleux et hostile qui était le mien cédait la place, à certaines heures, à des moments de voie « royale ». C'était un mélange, tant la vie, chez l'enfant, ne demande qu'à exploser.

En allant à l'école, je buvais du regard tout ce que je rencontrais. À l'arrivée, c'était le cadre de vie différent, c'étaient les retrouvailles. Ça « jacassait » dur, l'euphorie quoi ! Malgré la lenteur d'exécution imposée par le handicap, les occupations étaient variées. Les cours s'intercalaient entre les séances de kiné, d'ergothérapie, de psycho-rythmique, les rendez-vous médicaux, les repas accompagnés et les pauses toilettes, toujours laborieuses pour des « dépendants ». Des séances de kiné, je garde un mauvais souvenir. Je l'ai déjà dit. Cela m'accompagne. J'avais droit à un temps de marche, pour favoriser la circulation du sang. Parler de marche c'est un grand mot. Il fallait, d'abord, me mettre debout. « Debout », encore un mot qui n'a pas de signification pour moi. À chaque fois, on dit que l'on va me « verticaliser », nuance... Donc, la kiné verrouillait les taquets en ferraille à la hauteur du genou. Ensuite, elle me soutenait et essayait de me faire avancer. Avec des chaussures de scaphandrier, dites orthopédiques, et les appareils de maintien, ces mouvements représentaient pour moi une torture. Heureusement, chaque heure apportait quelque chose de nouveau. Le « marathon quotidien » imposait sa loi. Cette loi me plaisait, d'autant plus qu'il y avait les récréations, le meilleur moment pour les enfants. À 17 heures, l'école fermait. Le retour à la maison c'était une heure de transport, une heure de bavardage qui préparait le compte rendu de la journée aux parents, car je racontais tout, dans le détail, et je rêvais déjà du lendemain.

Mais un soir, j'ai bien failli ne jamais rentrer chez moi. Dans le véhicule spécialisé, j'étais assise près de la porte arrière. Le chauffeur avait oublié de manœuvrer la fermeture de sécurité. Je n'étais pas attachée au siège. Dans un virage, j'ai basculé contre la porte. Elle s'est ouverte. Je suis tombée, la tête la première, comme un paquet jeté sur le macadam. Le chauffeur n'a rien vu. Affolée, incapable de bouger, je criais : « Et moi ! et moi !... » Dans le taxi, les autres enfants se sont mis à hurler « Chrystelle ! Chrystelle ! » Le chauffeur a stoppé. Il a couru vers moi, affolé à son tour et un peu furieux. Je me souviens de sa réaction maladroite et plutôt absurde en pareilles circonstances : « Qu'est-ce que tu fais là, toi ? » Vous voyez le tableau ! Comme si j'étais en train de lui jouer un bon tour avec mon pauvre corps tout meurtri, plaqué sans mouvement sur la route. Si une voiture était arrivée, pour moi, c'était la fin. Ce soir-là, comme à maintes reprises dans mon parcours, j'aurais pu basculer de « l'autre côté » ! Le Seigneur voulait que je reste en vie ; Il avait son plan. Il me faudra beaucoup de temps pour le comprendre.

Quant à la société responsable du transport, inutile de vous détailler son intérêt embarrassé lorsqu'elle prenait de mes nouvelles. Je m'en suis tirée avec un traumatisme crânien. Grâce à Dieu, mes facultés mentales (le seul secteur d'activité qui me reste) n'ont pas été atteintes. Après un xième examen hospitalier, j'ai repris le chemin de l'école, le matin, et le récit détaillé de ma journée, le soir, sans oublier les exploits en récréation. Mais maman mettait, à chaque fois, un bémol à mon enthousiasme. « Les courses de chars » ne l'impressionnaient pas. Déjà, deux ans auparavant, elle n'avait pas accepté que j'utilise le fauteuil roulant manuel. Elle rêvait de me voir marcher. Le fauteuil était remisé dans un coin de la maison. Jusqu'au jour où papa a pris une décision. Il souffrait de me voir sur une chaise toute la journée, sans bouger. Pour me changer d'air, il est allé chercher le fameux fauteuil, accusé de favoriser mon handicap. Et nous voilà partis à travers le village ! J'étais contente et, en même temps, j'étais gênée. Nous croisions les voisins. Leurs regards, leurs questions indiscrètes, les réponses embarrassées de papa, tout cela était pénible. Je découvrais que, pour le « tout-venant », le handicap fait peur, il serait même un signe de malédiction. Il vaut mieux se tenir à distance. De fait, le handicap est un adversaire redoutable, tant qu'on ne l'accepte pas. Tout comme moi, à l'époque, mes parents le refusaient. En me stimulant constamment, ils pensaient contribuer à la régénération de mon organisme. Maman ne me lâchait pas : « Tiens-toi droite ! » « Tu vois dans quel état tu es ! » « C'est de ta faute ! »

Ces remarques étaient douloureuses pour moi. Je ne savais plus où j'en étais : « Est-ce que je fais vraiment tout mon possible ? » « Est-ce moi qui manque de volonté ? »

Le fauteuil roulant manuel, je l'avais adopté avec reconnaissance. Quel soulagement ! Je retrouvais un peu de mobilité. Mais au bout de deux ans, j'ai senti mes forces diminuer. Le soir, j'étais très fatiguée, j'avais mal un peu partout, au dos, aux hanches... Les contractures, les mouvements désordonnés me gagnaient, je n'arrivais plus à prendre les mains courantes de mon fauteuil. Me déplacer seule, cela m'était interdit ; les médecins ont conseillé le fauteuil électrique. Après des années d'efforts pour me mettre debout, quelle déception pour mes parents ! Ils se sont rebellés. Pour eux, j'allais régresser. Dans ma tête, les questions tournoyaient : « Les médecins ont-ils raison ? » « Mes parents se rendent-ils compte de mon état ? » « Est-ce vraiment de ma faute s'il n'y a pas de progrès ? »

La réponse n'a pas tardé. Tel Zorro, le fauteuil électrique est arrivé... en vrai bienfaiteur. Pour un temps, les questionnements se sont envolés. À neuf ans, quand on peut jouer, on saisit tout ce que la vie vous offre, y compris un fauteuil électrique. En récréation, je me suis déchaînée. Si vous aviez vu nos courses dans nos fauteuils électriques ! C'était un plaisir sans égal, sauf pour le fauteuil. La Sécurité sociale s'inquiétait : « Que fait votre fille avec son fauteuil ? » J'ignore la réponse de mes parents, mais je comprends les réticences de maman, qui regardait ce fauteuil de travers.

En ce qui concerne la scolarité, j'ai quand même appris à lire, à écrire, à compter. Ce fut un combat de chaque instant. Mon champ visuel était réduit. Mes mains tremblaient. Elles obéissaient mal. L'ergothérapeute a tenté plusieurs méthodes : « Prends ce grand cahier, écris en suivant les lignes... » Et tout partait de travers. Alors, elle a opté pour la machine à écrire. Après quelques essais, découragée par l'extrême lenteur de mes gestes et l'énergie exigée pour imprimer chaque lettre, elle a laissé courir. Je me suis tirée d'affaire un peu seule. Par contre, sur le plan physique, je n'ai pas pu me tirer d'affaire toute seule. Loin de là !

En 1979, me voilà de nouveau à l'hôpital. L'opération de 1975 n'avait pas réussi à « normaliser » mon fémur gauche. Malgré mes « jambières » et ma ferraille, le fémur s'était développé en prenant une position vicieuse. Je me retrouve sur le « billard », entourée par le professeur Picaud et ses adjoints. Nous nous suivrons pendant des années. Depuis mon enfance jusqu'à l'âge de femme, je serai accompagnée par les mêmes visages, masqués ou démasqués, selon le moment. J'entendrai les mêmes voix, je croiserai les mêmes regards, tantôt souriants et encourageants, tantôt dubitatifs et inquiets. Je me ferai expliquer les termes savants. J'apprendrai à exiger la vérité sur mon état. Je l'obtiendrai cette vérité, au prix d'une longue insistance. Je souffrais trop pour ne pas éprouver le besoin de savoir. Pour moi, c'était un droit, très cher payé. Au-delà du droit et du contrat, une complicité, une amitié s'est créée entre nous, au fil de l'épreuve interminable, commencée à ma naissance pour se prolonger vingt-six années durant... Épreuve tellement longue que le professeur Picaud lui-même n'aura pas eu le temps de me voir ressurgir de mon « enfer »...

En janvier 1979, je subis une ostéotomie intertrochantérienne. Le chirurgien a taillé en biseau l'os du trochanter pour redresser le fémur et empêcher sa tête de sortir de son logement. Ce fémur fera encore parler de lui, avant peu. Il m'en fera voir de toutes les couleurs. Mais, à l'hôpital, il y avait pour moi, petite fille, d'heureuses contreparties. Dans le service d'orthopédie, je connaissais tout le monde, je me sentais « chez moi ». Lors des visites de contrôle, je passais en salle de plâtre pour la modification de mes gouttières. Alors, je demandais : « Je voudrais bien des bandes de plâtre pour faire des attelles à ma poupée ! » Le personnel était très gentil. Il riait et rentrait dans le jeu. Je repartais avec quelques bandes. Je me disais : « Ma poupée va être contente de me ressembler. Heureusement, elle ne grandit pas, elle ne souffre pas comme moi... » Car, moi, la souffrance ne voulait pas me lâcher. L'ostéotomie intertrochantérienne gauche de janvier 1979 se révélait un échec. Je ne pouvais plus m'asseoir. Les massages sur les jambes me faisaient hurler. En permanence, j'avais très mal. À l'époque (il y a vingt-cinq ans), je redoutais l'anesthésie et les manœuvres obligatoires. La pose du masque, avec un tuyau pénétrant dans le corps, provoquait des réactions stressantes. C'était insupportable, surtout au moment du réveil. En ouvrant les yeux, je me découvrais emprisonnée dans une véritable toile d'araignée. Partout des fils, des tuyauteries et ce masque oppressant, qui déclenchait des vomissements à répétition… Je sonnais… le personnel, avec patience, recommençait dix fois les mêmes gestes.

C'est ainsi qu'en mars 1980, treize mois après l'opération de janvier 1979, l'ostéotomie du fémur gauche a été reprise. À droite, une désinsertion musculaire a été pratiquée par coupure des adducteurs. Grâce à Dieu, je ne voyais pas ce qu'on me faisait, sinon j'aurais pris peur. Et ce n'était pas fini ! Pendant neuf semaines, je me suis retrouvée « encagée » dans un plâtre pelvipédieux. Ce plâtre partait des chevilles et montait jusqu'au bassin. Une barre entre les genoux interdisait tout mouvement. Une fois de plus, mon séjour hospitalier se prolongeait. J'étais soignée à la clinique Robespierre (!) à Saint-Étienne. Tous les jours, mes parents étaient là. Quelle vie je leur ai fait mener ! Ils scrutaient les étapes de ma restauration. Ils souhaitaient tellement me voir marcher un jour ! C'est pourquoi, avant la rentrée scolaire 1980, ils sont allés frapper à la porte du CEM de Lyon. Ce CEM (Centre d'éducation motrice) de la fondation Richard est un établissement « super-équipé », tant en personnel qu'en matériel. Les places sont « chères » et les conditions d'admission sévères. Les pathologies mentales ne sont pas acceptées. J'ai donc été soumise à de nombreuses épreuves. En particulier, je me souviens, avec tremblements, de la séance chez la psychologue. Pendant plus de trois heures d'horloge, j'ai eu droit, sans discontinuer, à une rafale de questions et de tests.

« Là, qu'est-ce que tu vois ? »

« Là, qu'est-ce que tu comprends ? » etc.

Rendez-vous compte ! Je n'avais que neuf ans et

demi... En sortant, ma tête bouillait comme une cocotte-minute, mes oreilles devaient siffler ! J'ai dit à maman : « J'ai mal à la tête, ce soir je ne mange pas, je veux me coucher... »

Maman, inquiète de mon avenir, insistait auprès de la psychologue :

« Chrystelle est-elle admise au CEM ? C'est oui ? C'est non ?...

– C'est OK ! Votre fille a une intelligence au-dessus de la moyenne.

– Comment est-ce possible ?

– C'est une compensation du handicap... »

Autrement dit, pas de quoi se vanter.

Admise au CEM, à Lyon, en 1980, je laissais Saint-Étienne, la maison, mon école, mes amis, mon « marathon quotidien » que j'aimais tant. Quittant les bras de maman pour plonger en internat, j'allais connaître des périodes de « vents contraires » et des « avancées » grâce à quelques éclaircies.

CHAPITRE III

J'AVANCE MALGRÉ LES VENTS CONTRAIRES
De dix à treize ans

De dix à treize ans, les « vents contraires » soufflent sur ma barque. Je quitte la chaleur de la maison. La scolarité se révèle pénible, les exercices psychomoteurs tombent à plat. Les ennuis de santé s'aggravent. Je retrouve le « billard ».

Mais j'avance. Il y a des éclaircies avec le soutien sans faille de papa et maman, avec l'amitié des handicapés de mon âge, avec les échappées des vacances et, surtout, je vais découvrir l'Église.

En entrant au CEM de la fondation Richard, au 104 de la rue Laennec, à Lyon (8e), j'avais à peine dix ans. Je quittais la jetée protectrice de la maison pour affronter le grand large. Pour moi, le vent contraire à vaincre chaque jour, c'était l'absence de maman. Chaque soir, je pleurais dans mon lit. La tendresse de maman me manquait. Pourtant, le personnel veillait à tout. Il passait du temps avec nous ; mais comment remplacer la famille ? Au désarroi de l'absence s'ajoutait, pour moi, une question lancinante : « Qu'ai-je fait de mal pour être privée de l'affection des miens ? » Certains proches (des enfants de mon âge) avaient eu la mauvaise idée de me dire : « C'est pour te punir que tu es là-bas, au CEM, à Lyon ! » Un enfant prend tout pour argent comptant. Je n'en veux à personne, mais comme les enfants peuvent être cruels entre eux, si leur cœur n'est pas ouvert ! J'ai fini par poser la question à maman : « Maman, pourquoi je suis dans cette école ? Est-ce que c'est pour me punir ? » Maman a bondi : « Mais non ! ce n'est pas pour te punir. On ne te reproche rien. On t'a placée là-bas pour ton bien ! » J'étais enfin rassurée. Je commençais à décrypter les réflexions à mon sujet.

Au fil des semaines, étant de nature conviviale, je me suis fait des copains et des copines. Enfant, tu t'amuses, tu rigoles facilement avec ceux qui t'entourent. Malgré cela, j'attendais avec impatience le vendredi soir et le départ en week-end à la maison, un moment unique de chaleur et de tendresse. Le dimanche soir ou le lundi matin, selon les horaires de travail de papa, c'était le retour pénible de Saint-Étienne à Lyon. Il me fallait bien trois jours pour digérer la « remise en boîte ». Le quatrième jour, je m'habituais et le cinquième je ne pensais qu'au départ... et ainsi de suite. Un coup de téléphone des parents coupait la semaine, tout en donnant un coup de cafard... Le temps est souverain. Passé un an, j'avais gagné de l'indépendance et mes réactions étaient différentes. Le week-end à la maison restait un bon moment, mais je me sentais un peu seule. C'est avec plaisir que, le lundi, je retrouvais mes amis et l'ambiance jeune de l'internat.

Dans le groupe des enfants de mon âge, j'étais particulièrement attirée par Sophie. Elle partait rarement en week-end. Elle avait une tête magnifique, des traits fins, des yeux bleus, des cheveux d'un noir de jais. Un lourd handicap pesait sur elle. IMC, elle ne pouvait même pas diriger un fauteuil électrique. Ses mains étaient inertes. Elle était totalement dépendante. La tête immobilisée dans une têtière, elle bavait régulièrement. Elle n'arrivait pas à déglutir. Les éducatrices s'occupaient beaucoup d'elle. Elles la faisaient manger à part avec des préparations spéciales. Devant ses problèmes à répétition, sa famille l'avait pratiquement abandonnée. Elle ne parlait pas, mais elle comprenait tout. Dès que l'on avait du temps avec elle, elle était émerveillée. Ses yeux devenaient lumineux. Dans sa coquille, sur son fauteuil, elle frétillait. Je me sentais « petite » à côté d'elle. Elle savait se faire aimer. Sophie ! Auprès d'elle, les grincheux pourraient prendre de la graine. Quand j'entends les gens se plaindre, à propos de tout et n'importe quoi, j'ai envie de les envoyer promener : « Allez voir Sophie ! » et des Sophie, j'en ai vu dans les hôpitaux ! Ce qui me frappe, c'est l'extraordinaire faculté d'adaptation de nombreux handicapés. Je partage leur destin. Dans ce contexte, je n'ai pas envie de me plaindre de mon sort. Quand on s'apitoie sur moi, quand on me dit : « Vous avez du mérite ! » ça me met en colère ! J'ai horreur de la pitié. De l'aide, oui ! De la pitié, non ! Je n'ai pas le droit de me plaindre. J'ai vu, je connais tellement de misères écrasantes que je ne peux que rendre grâce pour l'état qui est le mien. Je ne suis pas malheureuse. Loin de là !

À Lyon, dans le CEM, avec tous mes compagnons, avec Sophie, j'ai compris les difficultés auxquelles étaient confrontés les agents, et nous avec eux. Comment créer une ambiance familiale dans ce CEM ? C'était une véritable usine, destinée à fabriquer des rouages de remplacement pour nos « mécaniques » défectueuses. Pas simple ! L'usine était bien organisée, bien huilée, 140 handicapés moteurs, rassemblés selon l'âge par groupe de dix environ, une armée de spécialistes : médecins, infirmières, aides-soignantes, psychologues, instituteurs et éducateurs spécialisés, kinésithérapeutes, ergothérapeutes, orthoptistes, psycho-rythmiciens (troubles de l'espace) et d'autres encore... Tout ce monde, telles des bielles bien couplées, faisait tourner l'usine, sans temps mort. Prise dans l'engrenage, j'avais l'impression de devenir un objet. Heureusement, il y avait l'antidote. L'« usine » était menée de main de maître par une femme que j'ai connue là-bas, à mes débuts. Une grande dame, cette directrice ! Femme distinguée, toujours bien mise (les filles ont l'œil attentif...), réservée et courtoise avec chacun, elle n'oubliait jamais de nous saluer. Pour elle, nous « existions »... C'était beau, parce que c'était rare. Je pouvais lui confier mes secrets. Rien ne serait divulgué. En retour, elle me disait franchement ce qu'elle pensait et ce qu'elle attendait de moi. Sans favoritisme, elle était ainsi avec chacun. Avare de paroles, elle était claire et n'avait pas besoin de dire les choses deux fois. Elle avait de l'autorité. On se sentait protégé. C'était bon, parce que chacun ou chacune d'entre nous était un « cas à part ». Malgré le classement par étiquette pathologique, chaque handicapé est, avant tout, une « personne » avec des qualités, mais aussi tout un passif, toute une « histoire ». À partir de ce constat, vous devinez toutes les compétences exigées du personnel. Et il en faut ! De nombreux frères et sœurs handicapés se referment et se renferment. Ils s'isolent dans leur prison intérieure. Pourquoi ? Je ne saurais parler à leur place. Ce que je sais, en ce qui me concerne, c'est que j'ai senti, très tôt, le besoin de m'attacher à des centres d'intérêt, en donnant un sens à ma journée. Cette grâce m'a été accordée. Je veux apprendre. Je veux découvrir. Je veux vivre !

La maladie, le handicap (de naissance ou d'accident), tu ne peux pas l'accepter, parce que c'est contraire à la nature, c'est une catastrophe ! Face au désastre, tu décides de te battre ou tu abdiques. Par expérience, j'affirme qu'il est souvent (pas toujours) possible de se tailler un espace de vie respirable, aussi réduit soit-il. La première condition, c'est d'admettre que tu as besoin des autres. C'est dur. Tu seras rabaissé, humilié. Franchir cette étape réclame du temps, une longue patience. Malgré « les vents contraires », j'ai tenu le coup. Dieu seul sait ce que j'ai subi, c'est pourquoi je ne me permets pas de juger celui ou celle qui disparaît dans son océan de misère. La totale dépendance physique est une humiliation sans nom. Le moral est brisé. Cette souffrance morale est plus dure que la souffrance physique. Je parle en connaissance de cause. Lorsque les souffrances morales et physiques se conjuguent, les conseils ou les reproches ne font qu'aggraver le naufrage. Mieux vaut le silence. Le bien portant doit savoir que seuls des moyens apparemment très pauvres peuvent nous aider : un regard, une caresse, une présence...

Sur mon esquif, secouée par les « vents contraires », j'aurai éprouvé, au CEM, toutes les phases de la lutte contre mon handicap. En particulier, c'est avec peine, mais avec quelque résultat, que j'ai effectué un cursus scolaire basique, à peu près normal. J'ai appris le français. J'ai survolé les maths, les sciences naturelles, la géographie, l'histoire. Le tout sans pédagogie spéciale. La seule adaptation à notre cas portait sur la durée. Le programme débordait d'une année sur l'autre, à cause de la lenteur de nos réactions, à cause des multiples interruptions introduites dans la journée par les exercices psychomoteurs et les fréquents séjours à l'hôpital ou à l'infirmerie. Pour moi, ces interruptions imposaient un caractère laborieux à toutes les reprises. Les hospitalisations prolongées creusaient mon retard sur les autres élèves. Par malheur, une instit m'avait dans le collimateur. Elle n'acceptait pas d'être interrompue. Mes questions l'agaçaient : « C'est à toi de travailler ! Tu es paresseuse, tu ne veux rien faire ! » Maladroitement j'insistais : « Je n'écris pas comme les autres et puis j'ai été trop longtemps absente, j'étais à l'hôpital... » Elle me rabrouait : « Ce n'est pas mon problème ! Tu n'es bonne à rien ! » Et moi, je pleurais et elle concluait : « Tu pleures tout le temps !... » Tout cela me faisait mal. Je prenais tout à cœur. Mon corps protestait. L'appétit s'envolait, le sommeil était troublé, je vomissais. Et je me retrouvais à l'infirmerie. Au retour, en classe, la « fée Carabosse » m'accueillait avec ses maléfices : « Alors ?... Tu as encore fait la fainéante ! » Je perdais pied, je me disais : « À quoi bon travailler ? Je n'arriverai à rien si l'on refuse de m'aider. » J'ai été repêchée par d'autres institutrices spécialisées, qui m'ont défendue à l'occasion des synthèses. Ces synthèses rassemblaient, pour le suivi de nos dossiers, tous les acteurs concernés. Mes parents, tenus informés, m'ont toujours encouragée. « Continue, fais ce que tu peux, c'est le principal. » Il est vrai que mes éventuels progrès en motricité les intéressaient davantage. Soutenue par eux, je n'ai pas craqué, je me suis accrochée. J'ai fait face aux « vents contraires » et j'ai bien profité des accalmies pour me remonter le moral. Comme tous les enfants, j'habillais les vacances de couleurs magiques. Y penser et les vivre constituait un dérivatif providentiel.

Un séjour à Montélimar, en colonie, m'avait fait découvrir le bienfait des changements de cadre et d'occupations. À six reprises, de Limoges à Grenoble, je suis repartie à travers la France, j'ai même eu droit, en 1981, à un séjour en Corse ! Là-bas (j'avais dix ans), je me suis « éclatée ». Enfin... j'ai essayé. Entraînée par une cohorte de sportifs qui réalisaient des prouesses avec leurs fauteuils manuels, j'ai voulu les imiter. Pensez donc ! Voilà que d'autres montaient deux à trois étages, avec leurs fauteuils, par les escaliers ! À mon tour, j'ai lancé mon fauteuil. Las ! Je n'avais pas, dans les bras, la même force que ces apprentis athlètes ! Stoppée dès la première marche, me voilà partie la tête en avant. L'atterrissage est brutal. Les accompagnateurs se précipitent : « Qu'est-ce que tu fais là ? » Et moi, piteusement : « J'ai voulu m'amuser. » Le rêve s'écroule en direction de l'hôpital : examens, radios. Rien de grave, ouf ! Je suis réexpédiée sur le continent. Papa, maman, Ludo (un jeune ami), ses parents, voisins de camping à Marseillan, tout le monde abandonne la plage et se précipite à Lyon, à l'aéroport Saint-Exupéry. Prévenu des causes de l'incident, le comité d'accueil manque de compassion. Maman, toujours inquiète, s'emporte facilement : « Qu'est-ce qui t'a prise ? Tu es folle ! » Et d'ajouter : « Et tu n'es même pas bronzée (les femmes ont de ces réactions) et tu as un œil au beurre noir (c'est complet...) ! » La fanfare une fois calmée, j'ai retrouvé la présence pleine d'attention de mes parents et de leurs amis. Je n'étais pas fâchée de cette diversion. La Corse ! Beaucoup rêvent d'aller là-bas. Voyage en avion et promenade en car au travers de l'île de beauté, ce sont des vacances de luxe, penseront certains. Ce serait oublier nos limites. Je me souviens de ce circuit qui nous a menés au bord de la mer. Pendant que les « valides » se dégourdissaient les jambes sur la plage, nous sommes restés coincés sur nos fauteuils, dans le car. Nous pouvions admirer mais pas bouger. Le soleil tapait à travers les vitres. Sortir du car, à chaque arrêt, tout un groupe de handicapés moteurs, autant rêver !... Et c'est rêver également que de croire que beaucoup de personnel réglerait tous nos problèmes. Il faut autre chose que la quantité. S'occuper des handicapés est très exigeant. Malgré un dévouement que je reconnais, les limites sont vite atteintes. Je l'ai compris en Corse, en méditant, coincée derrière la vitre du car. Je l'ai éprouvé à mes dépens lors de cette fête de fin d'année, au CEM, à Lyon, en 1983. Tous les pensionnaires étaient rassemblés dans la cour. Nous causions entre nous. Pour nous, c'était le jour du grand départ. Pour le personnel, c'était la mise en panne de l'usine, la grande relâche. Visiblement, c'était un peu plus « cool ». Plongé dans une partie de volley, il ne nous voyait plus, il ne nous écoutait plus. Le soleil tapait dur. En fauteuil manuel, j'étais incapable de me déplacer vers une zone d'ombre. Je réclamais : « J'ai chaud ! J'ai mal à la tête ! » Mais nos instits, pris par le jeu, ne voulaient rien entendre. Entre deux passes, ils me lançaient : « T'en fais pas, il n'y en a plus pour longtemps ! » J'avais de plus en plus mal, j'insistais :

« J'ai chaud, j'ai mal à la tête...

– Oui, oui, on arrive... »

Et ils n'arrivaient pas. J'ai eu le temps de cuire et de récolter un « coup de bambou ». La nuit suivante, du jeudi au vendredi, je me sentis mal. De véritables

« coups de gong » ébranlaient douloureusement ma tête. Je me plaignais mais sans insister, je me disais : « Arrête ! Si tu te plains trop, ils vont te garder ! Les vacances d'abord ! » Aujourd'hui, je réagirais différemment. Allez demander à une adolescente d'être raisonnable... Si bien que, le vendredi soir, en arrivant à la maison, je me sentais « déraper » ; j'ai réclamé mon lit. Maman a constaté que j'avais 39 °C de fièvre. Elle appelle le médecin. « Mettez-la dans un bain d'eau froide », et de conseiller quelques médicaments. Nuit agitée. Les journées du samedi et du dimanche se sont déroulées dans l'inquiétude. Maman est pendue au téléphone. Elle me lève, elle me recouche, je suis nauséeuse. Finalement, le dimanche vers 17 heures, lorsque maman vient dans ma chambre pour me parler, j'ai sombré dans le coma. C'est l'affolement général dans la maison. Papa, maman, tous les amis présents, tout le monde s'agite et veut faire quelque chose. Dans les esprits, l'ombre de la méningite se fait menaçante. « Si d'autres cellules sont atteintes dans le cerveau, dans quel état va-t-elle ressurgir ? » On appelle le SAMU. Les pompiers arrivent. On me met sous oxygène. Pour maman, c'en est trop, elle explose en crise suraiguë. Il faut s'occuper d'elle pendant que l'on m'embarque dans l'ambulance. Est-ce l'effet de l'oxygène ? Pendant le trajet, j'ouvre l'œil : « Où suis-je ? » J'étais complètement perdue. Heureusement, papa était là ; quand je l'ai vu, j'ai été rassurée. À mon arrivée à Bellevue (maintenant l'hôpital Nord), les examens sont orientés tout de suite vers le risque de méningite. Je suis soumise à une ponction lombaire. La première ponction m'a réveillée pour de bon ! Ma scoliose, très prononcée, rendait difficile la pénétration de l'aiguille. Je n'arrivais pas à redresser mon dos : « T'as pas mal ? » disait le médecin. « Si, j'ai mal, mais il faut le faire… » Et quand j'ai entendu le médecin m'annoncer : « Ça ne va pas, il faut que je fasse une autre ponction », j'étais décidée à tout supporter, tant j'avais peur, comme mes parents, du diagnostic. Je voulais savoir. Maman, déjà secouée par l'épreuve, discutait ferme avec une infirmière venue lui signaler, d'un air soupçonneux : « Il y a de l'alcool dans le sang… » Maman protestait : « Ce n'est pas possible ! On ne lui a pas donné une goutte d'alcool ! » Le ridicule rejoignait le cauchemar. Ma vie tient du roman policier… La fièvre est tombée et l'angoisse avec elle. Aucun symptôme de méningite. Merci, Seigneur !

La joie du départ en vacances avait failli se solder par un drame. Grâce à Dieu, ce n'était qu'une alerte. Une alerte qui donnait à réfléchir. Certes, au terme d'une année scolaire dans le cadre très organisé, mais contraignant, d'un centre spécialisé, j'étais attirée par la découverte de nouveaux décors, par les colonies, par la Corse, par les acrobaties en fauteuil roulant, par le soleil, mais je payais tout cela au prix fort. C'est pourquoi j'ai préféré, l'été, partir en camping dans le midi avec mes parents.

Bien m'en a pris. À proximité de notre emplacement était installée la famille de Ludo. J'étais une enfant lorsque j'ai connu Ludo. Nos destins allaient se croiser pendant des années et faire naître, entre nous, une véritable affection. Ludo, à neuf ans, n'était pas heureux chez lui. Son père avait divorcé. Sa bellemère ne l'aimait pas et lui refilait les corvées. Un jour, voilà que le bouchon de la cocotte-minute reste introuvable ! « Tu n'iras pas à la plage ! Tu feras la vaisselle, le ménage !… » Maman a rencontré Ludo en pleurs. Pour le consoler elle l'a aidé à faire la vaisselle. Elle a cherché le fameux bouchon. Du coup, Ludo s'est attaché à notre famille. Entre lui et moi, une complicité est née. Le soir, pendant que les adultes se promenaient sur la plage, j'entendais des grattements contre la porte de la caravane. Ludo venait me tenir compagnie. Nous échangions nos petits problèmes, nos secrets d'enfants. Je lui confiais la contradiction dans laquelle je vivais en vacances. J'étais heureuse d'être avec mes parents. Dans le même temps, je m'ennuyais profondément. Pour mes parents, les congés c'était « ne pas bouger », se détendre sur le sable. Pour moi c'était courir de tous les côtés, voir du nouveau, obliger mes parents à passer leurs journées derrière mon fauteuil roulant. Alors, quitter le CEM pour la famille, c'était bien, abandonner les colonies de vacances pour la famille, c'était bien. Mais, devant l'ennui de la plage, retrouver le CEM, c'était pas mal. La façon d'intervenir du Seigneur me surprendra toujours. De retour au CEM, après les congés, une rencontre devait s'avérer déterminante pour ma « navigation ». Je veux parler de l'aumônier. Je ne le connaissais pas. Je ne savais même pas ce qu'il faisait là. Un jour, je rencontre ce Père Jaboulet. Il se présente et ajoute : « Veux-tu suivre le caté ? » Je le regardai avec de grands yeux : « Le caté ? Qu'est-ce que c'est que ça ? Qu'est-ce qu'on fait là-bas ? » Habitué aux enfants, l'aumônier a décoché sa flèche : « Il y a tes copines qui viennent ! » Gagné, en plein dans le mille ! Toujours curieuse, je saute sur l'occasion : « Si mes copines viennent, je viens ! » C'est ainsi que j'ai découvert l'Évangile. Avec le recul, je comprends que c'est là, au CEM, que Dieu m'invitait à sa manière. Eh oui ! je suis allée au catéchisme pour être avec les copines... sans plus. Ça me fait tout drôle de réaliser ça aujourd'hui. J'ai eu de la chance. Le contact était facile. Deux religieuses aidaient l'aumônier. Leur sourire attirait. Elles nous écoutaient et répondaient avec simplicité et cœur. Elles prenaient leur temps, jamais d'énervement. Elles étaient vraies. Leur disponibilité nous changeait du rythme de l'établissement. Je n'oublie pas ces religieuses. Elles m'ont beaucoup marquée.

De cette première année de caté, je retiens aussi le plaisir de me retrouver avec les copines. Vraiment, on rigolait bien. Basta ! À la maison, c'était la surprise : « Je vais au caté ! »

Et maman : « Quoi ? Comment ça se fait ? Qu'est-ce que tu fais là-bas ?

– On rigole ! Et puis j'apprends plein de choses !

– Ah bon ! Ah bon ! »

À la fin de l'année, le prêtre s'est inquiété : « Veux-tu continuer ? » Mais oui, je voulais, sans trop savoir pourquoi. Dans ma tête, c'était un « bric-à-brac ». Au fil des mois, en découvrant les vérités de la foi, les évangiles, je sentais une lumière envahir ma vie d'enfant tellement chahutée. En 1982, au bout de deux ans d'aumônerie, nouvelle question :

« Veux-tu faire ta communion ?

– Je ne sais pas trop...

– T'as envie ou pas ?

– Oui ! mais ce n'est pas clair en moi... »

Et à la maison : « Maman, qu'est-ce que tu en penses ? Faire ma communion, c'est bien ou pas ? »

Papa et maman, d'une seule voix : « Fais ce que tu veux, ça nous est égal ; tant que tu travailles à l'école, c'est le principal ! »

Un peu larguée, j'ai trouvé appui chez mes grands-parents paternels. Ils sont très croyants et se sont réjouis de me savoir en catéchèse. Ma grand-mère a voulu aider maman pour tous les préparatifs de ma première communion.

Ce mois de mai 1982, je me souviens ! Comme j'étais heureuse, le jour de la cérémonie, au CEM ! J'ai été entourée. Papa et maman étaient là avec mes grands-parents, avec mes parrain et marraine. Après la messe, nous sommes partis à la maison. Joie supplémentaire, je sortais de l'internat... Quelle fête ! J'aime tellement les contacts. Tout le monde était aux petits soins. Rien n'a manqué, même pas les photos. Il fallait qu'elles soient belles et sans défaut. Maman a veillé à ce que l'aube de communiante recouvre la ferraille des appareils qui corsetaient mon buste et mes jambes. Regardez la photo ! Sur mes cheveux était posée une couronne de fleurs. Pour moi, c'était magnifique ! Ces roses « couronnaient » vraiment la fête ! Avec elles je réalisais que je vivais un « grand jour ». J'étais à l'unisson de la chapelle garnie de bouquets artistiques. Ma première communion, c'est un souvenir fort, celui d'un événement riche et joyeux. Elle m'a engagée pour de bon. J'ai continué la catéchèse. J'aimais parler avec le prêtre, je lui posais des tas de questions. Aiguisé par l'épreuve, mon désir de savoir était immense. J'avais trouvé une véritable source.

Tout en cachant sa main, Dieu allait, avec patience, me conduire dans le dédale de mon « enfer », dans celui que j'avais connu et dans celui que je devais connaître dans les quinze années à venir. Il me donnait un guide. L'Église entrait dans ma vie. Elle allait forger ma personnalité pour le combat. Aux yeux des passants, je n'étais qu'une petite fille. Tout en aimant le jeu, la vie, la nouveauté, j'étais plus mûre que les enfants de mon âge. D'interminables heures d'isolement, un cerveau en révolution permanente, un affrontement quotidien avec le handicap, tout cela m'invitait, malgré les échecs, à « prendre la barre » pour faire face aux « vents contraires ». Ces vents soufflaient avec constance.

Déjà, avant la première communion, j'avais été fidèle, en 1981, à mes rendez-vous avec le bloc opératoire. Après l'ostéotomie, effectuée en 1980, les chirurgiens m'ont rappelée pour procéder à l'ablation du matériel fixé sur ma hanche gauche. Me voilà à l'hôpital des Massues à Lyon. Les praticiens ouvrent, nettoient, referment. Suite au prochain numéro. Bien ! Mais, en 1982, alors que la puberté se manifeste, mon état se dégrade. Le handicap prend de l'ampleur et atteint la vessie. Pour uriner, entre le moment où le besoin se manifeste et le moment où le personnel intervient, le délai devient trop long. Ce sont des catastrophes à répétition : inondation, inconfort, humiliation, mauvaise humeur du personnel trop sollicité... Admettre l'incontinence, quand tu es adolescente, très sensible au regard des autres, c'est une « montagne » ! Je l'ai compris à mes dépens, lors d'une joyeuse sortie en cafétéria avec des copines. Tout à coup, terrorisée, j'ai senti l'inondation. L'éducatrice qui nous accompagnait s'est levée pour aller chercher du matériel de nettoyage. Le regard indiscret des consommateurs, certains murmures désapprobateurs m'ont couverte de confusion. J'en avais gros sur la patate. J'étais « noyée » de toutes les manières, très mal dans ma peau. En réalisant combien nous, handicapés, nous étions exclus par les gens « installés », j'en voulais à tout le monde.

De son côté, le CEM, pour pallier cet inconvénient majeur, a décidé de me libérer par sondage, quatre fois par jour. J'ai subi, pendant trois ans, cette procédure très désagréable avec ce corps étranger qui t'agresse. Le sondage est un travail délicat, menacé par l'infection. De fait, j'enregistrais infection sur infection. Un beau jour, je décide de réagir. Je vais voir le médecin neurologue de l'établissement. Cette démarche va déclencher une réaction en chaîne. Le dialogue est sévère. Un dialogue de sourds.

« Docteur, je souhaite que l'on n'utilise plus les sondages !

– Ces sondages, pour évacuer, sont faits pour ton bien et pour ton confort.

– Oui, en effet, je fais infection sur infection.

– Le système est programmé, pas question de changer.

– Je veux arrêter ce système. Je veux que l'on me mette aux toilettes plus rapidement. C'est tout !

– À la maison, chez toi, comment ça se passe ?

– Chez moi, mes parents ne veulent pas de sondage. Ils estiment que cela favorise le handicap. Ils répondent vite à mon appel. Je n'ai pas de sondage et je m'en porte beaucoup mieux !

– Ici, c'est comme ça !

– Eh bien, j'en parlerai à mes parents. Je veux que cette décision soit contrôlée par un spécialiste en urologie. »

Ainsi fut fait. Je me suis retrouvée en consultation en urologie, à l'hôpital Debrousse, à Lyon. Je ne vous souhaite pas de subir ce genre d'examens. Les cystographies (radios de la vessie) ont été douloureuses. J'en subirai quelques-unes. Dans la vessie, un liquide a été injecté à capacité maximale. Mon ventre était gonflé. On aurait pu me croire enceinte ! J'avais très mal. La vessie me brûlait. Elle ne supportait pas les contacts. De plus, malgré les manipulations, rien ne venait. Il a fallu me sonder ! Un vent de défaite, un vrai « vent contraire » se faisait menaçant. Mais les spécialistes ont provoqué l'« éclaircie ». Leur diagnostic a établi que ma vessie était normale. Elle subissait le contrecoup de ma pathologie neuromusculaire. Comme les autres muscles, elle enregistrait des tensions et des relâchements brutaux et quasi incontrôlables. De là venaient mes ennuis. Les médecins ont alors entamé leurs recherches. Il leur faudra des années pour mettre au point un traitement capable de régulariser le cycle urinaire et de me libérer de la hantise qui me tenaillait. Entre rétention et anarchie, je me sentais très dépendante. Je vivais dans la crainte du regard des autres. À tout instant, mon intimité était menacée. C'était plus que dur. À force de patience, le mal sera dominé du côté de la vessie, malgré les alertes. D'autres épreuves m'attendaient.

Non seulement les « vents contraires » ne se calmeraient pas, mais encore mon fragile esquif allait plonger dans la torture physique et morale des « quarantièmes rugissants ».

CHAPITRE IV

LES QUARANTIÈMES RUGISSANTS
De quatorze à dix-sept ans

« Les quarantièmes rugissants » ! Oui, tel le modeste voilier affrontant des montagnes prêtes à l'engloutir, j'ai vécu, de quatorze à dix-sept ans, une période particulièrement éprouvante. Évoquer cette époque me meurtrit encore aujourd'hui. Mais je veux témoigner. Le mot « martyr » est devenu pour moi un terme très dense. Comme le métal plongé dans la braise et battu sur l'enclume pour prendre forme, mon esprit, à travers les souffrances physiques et morales, s'est éveillé à une vie nouvelle.

Les « quarantièmes » ! Dans la tourmente, mon pauvre esprit avait perdu son étoile. Depuis des années je souffrais de scoliose. Un corset tentait de me redresser. En vain. Avec la puberté et la croissance, tout mon corps se transformait. Les muscles réagissaient en se contractant. Malgré la rigidité de mon carcan en ferraille, la scoliose lombaire, toujours contenue et retardée, gagnait du terrain. Sous la poussée d'un développement anarchique des vertèbres, mon buste s'inclinait, irrésistiblement, sur mon côté gauche. Les opérations de 1980-1981 n'avaient pas porté les fruits espérés. Les chirurgiens s'interrogeaient. Que faire ? Mon état se dégradait. Ma hanche gauche devenait de plus en plus sensible sous l'effet de sa luxation et de sa rotation. La scoliose lombaire imprimait à mon buste une inclinaison prononcée, jusqu'à atteindre, en 1985, un angle de 90°. Ma tête touchait presque la roue gauche de mon fauteuil manuel. Cette position engendrait des difficultés respiratoires, nécessitant des soins particuliers. La douleur m'accablait. Je ne pouvais rien faire de valable. Jour et nuit assaillie, je n'arrivais pas à réfléchir, à faire des projets. 1984-1987 : trois ans d'enfer. C'est long ! Les médicaments n'apportaient pas d'apaisement. Oui, pendant trois ans, j'ai navigué dans les « quarantièmes rugissants ». Pas un moment de répit. Constamment secouée par les coups de boutoir des « déferlantes » qui me noyaient dans la douleur, j'ai vécu une descente en enfer. Vraiment !

Ce qui est terrible quand tu es broyé par la souffrance, c'est que tu aspires de toutes tes forces au soulagement, à la guérison et, dans le même temps, tu n'oses pas croire au soulagement et à la guérison. Tu te demandes : « Est-ce que le contraire existe vraiment ? » Les heures sont interminables et tu te dis : « Quel sens tout cela peut-il bien avoir ? » Tout tournoyait dans ma tête. L'étoile avait disparu. Je guettais le moindre répit. Une accalmie, même très courte, valait tous les bonheurs du monde. Depuis ce temps, j'ai appris à décoder certains discours médiatiques, souvent ressassés. Parler du « droit à la santé », c'est tromper le monde. La santé n'est pas un droit, elle est un *don*. C'est ce que l'expérience m'a appris et j'en remercie le Seigneur. Tout nous est donné. Pour comprendre il suffit d'observer les « signes » qui jalonnent notre route. Et ils sont nombreux, ces

« signes ». Je le constate en visionnant ma navigation, d'autant plus que le jargon médical tenu devant moi était hermétique. Toute petite, je regardais les autres, je faisais des comparaisons. Dans l'école spécialisée de Saint-Étienne, puis au CEM de Lyon, je me retrouvais avec les handicapés qui avaient le même problème que moi. Dans ma tête tout cela tournait. Peu à peu s'est installée en moi la soif de vérité. Devenue adolescente, je ne me taisais plus devant les médecins. Je n'étais plus gênée, je posais des questions trop précises à leur goût. Je voyais qu'ils essayaient de ne pas me répondre. Je les poussais dans leurs retranchements. *In petto* je pensais : « Arrêtez votre cinéma ! Ce que vous voulez me taire, je le sais déjà, mais je veux l'entendre. » Regardant les jeunes de mon âge, par comparaison j'étais « cassée », mais je voulais savoir. En moi, une force inconnue me poussait à réagir et à lutter. Je voulais savoir parce que je voulais vivre. Je guettais les signes de libération de ma prison, ou plutôt ce que j'étais prête, en adolescente, à interpréter comme un envol vers la vie.

Vers l'âge de quatorze, quinze ans, un événement important a marqué mes vacances. Depuis des années, mes parents m'emmenaient avec eux à Marseillan, sur la côte du Languedoc. Le bronzing et les bains avec la foule sur la plage n'étaient pas pour moi. Heureusement, certains jours, libérée de mon fauteuil, j'étais plongée dans la piscine privée des propriétaires du camping, devenus au fil des années des amis. Un moment de béatitude dans la chaleur de l'eau à 30 °C, c'était un délice ! Trois à quatre fois par semaine, mon papa me conduisait chez une kiné pour détendre mes membres toujours menacés d'ankylose. Cette kiné prenait son temps. Elle trouvait les gestes adaptés à mon état. Elle a gagné notre confiance. Si bien qu'un jour elle n'a pas hésité à entrer dans mon histoire. Elle s'est tournée vers mon père :

« Monsieur Court, vous êtes là pour un mois. À votre place je profiterais de ce moment pour consulter le professeur Vidal, à Montpellier, au sujet de Chrystelle. C'est un médecin réputé, spécialisé dans les maladies des IMC. La maladie de Little, c'est son affaire... » Courant, depuis près de quinze ans, derrière les rendez-vous dans les hôpitaux, papa réplique : « Comment obtenir un rendez-vous ? Un mois, c'est court. » Et elle de proposer : « Je m'en charge, si vous voulez, je donnerai toutes les explications utiles. »

C'est ainsi que je me suis retrouvée au CHU de Montpellier. Bâtiments énormes, couloirs interminables. Impression de diluer mon destin dans une immensité. Face au professeur Vidal, très vite je sens que j'ai affaire à un orfèvre en la matière. Il m'examine sous toutes les coutures, puis se tourne vers mes parents : « Mettez-la debout ! » Interloqué, papa objecte : « Ce n'est pas possible ! Elle ne tient pas ! » Et le professeur : « Ne vous inquiétez pas, je suis là pour vous aider et la rattraper, s'il le faut... » Mon père obéit. J'ai tenu une fraction de seconde. Mes genoux ont cédé. Retour sur la table d'examen. Retour sur mon fauteuil manuel. Alors, le professeur emmène mes parents dans une pièce voisine. J'entends le bruit de leurs voix, celui d'une conversation qui me semble interminable. Je devinais les mots échangés. Depuis longtemps, sans me l'avouer, sans l'avoir entendu en clair, je sentais venir le diagnostic, comme un couperet. Je m'inquiétais surtout des suites. « Qu'est-ce qui va encore m'arriver ?... » La porte s'est ouverte. Maman était silencieuse et blême. Papa se contenait péniblement. À leur attitude, j'ai compris qu'ils avaient quelque chose de grave à me dire. Ils ont tenté une diversion. En sortant de l'hôpital, maman, d'une voix faussement assurée, m'annonce :

« Tu vas être contente ! Le professeur nous a affirmé que les chaussures, le corset, tous ces appareils ne servaient à rien dans ton cas. On pourra t'en libérer... »

J'ai une réaction d'adolescente, comme l'oiseau qui voit s'écarter les barreaux de sa cage. « Maman ! Je vais pouvoir m'acheter des sandalettes dorées, comme Nathalie ? » Nathalie était une voisine de camping. « Mais oui, dit maman, on y va de suite ! » Quelle révolution pour une adolescente ! Ce jour-là, j'ai choisi ma première paire de chaussures ! Événement majeur ! Et quelle joie de surcroît, car j'allais être délivrée d'un appareil qui, depuis l'âge de huit ans, me faisait affreusement mal et qui était très laid ! Un tas de ferraille ! Enfin j'allais pouvoir m'habiller, en suivant la mode, comme les filles de mon âge ! Quelle délivrance !

Ma jubilation a été de courte durée. Maman n'a pas pu résister. Elle a fondu en larmes : « Cet appareil on va l'enlever, parce que, en réalité, il ne servira plus à rien... *Tu ne marcheras jamais !* » Malgré l'éclaircie des magasins, j'avais senti l'orage arriver. Le ciel était devenu sombre. Je guettais l'éclair, tout en conjurant la foudre. Elle venait de tomber. Je me suis effondrée. En fumée tous mes rêves ! D'un seul coup mon avenir était « oblitéré ». Tu sais, ami lecteur, quand on te dit les choses en face (même si tu ne te fais pas d'illusion), ça te casse. Entre pressentir et admettre que c'est le moment, il y a un large fossé. Nous sommes tous un peu comme la comtesse du Barry au pied de l'échafaud : « Encore cinq minutes, monsieur le bourreau... »

Après coup, mon seul regret est d'avoir été « menée en bateau » pendant des années, en attribuant à mon carcan des vertus qu'il ne possédait pas. J'aurais préféré savoir la vérité plus tôt. Un médecin ami m'a expliqué que les praticiens ne peuvent pas toujours dire toute la vérité au malade. Certains ne la supporteraient pas. Je reconnais d'ailleurs que, pour moi, savoir où j'en étais, ce fut dur, très dur ! Dans le même temps, j'étais libérée. Connaître mon état, c'était essentiel. Mon besoin de vérité s'affirmait. Je devais organiser ma vie avec mon fauteuil. Il était mes jambes. Il était mon compagnon de route inséparable. Il était, aussi, le rappel permanent de ma totale dépendance. Sans les autres je ne pourrais rien faire. C'était ça ou rien ! Je ne sais pas, ami lecteur, si tu réalises ce que ça veut dire. Il m'a fallu tellement de temps pour digérer « le coup de massue »... Toi, au moment du coucher, tu peux te déshabiller seul, te laver, revêtir ton pyjama, aller dans ta chambre, ouvrir ton lit, te glisser entre les draps, rabattre les couvertures à ta convenance, varier les positions lorsque tu en ressens le besoin... Tout cela m'est inconnu... Le confort dépend dans les moindres détails de l'attention et du dévouement des autres. Telle je suis couchée, telle je suis levée. Pas un iota n'aura varié pendant la nuit. À partir de cette modeste évocation, tu peux deviner beaucoup de choses. Tous les domaines de ma vie sont soumis à cette dépendance. Je dois vivre mes journées dans un total abandon. Avec mon caractère ce n'est pas facile. « Les quarantièmes rugissants », j'ai appris à les connaître.

Ils sont intérieurs, mais bouleversants. Par moments, j'en ai marre au-delà de toute mesure. Je voudrais crier, hurler mon ras-le-bol. Comment sortir de cette impasse ? Tout semble bouché. Cette épreuve je l'ai vécue souvent. Je la vis encore à certaines heures. Si tu lis les psaumes, ami, tu sauras comment je m'en suis sortie et comment je m'en sors aujourd'hui. Le Seigneur est mon seul refuge, mon seul secours vraiment efficace ! Je dis bien le « seul ». Tout le reste est bien pauvre, c'est bien vide, un vide abyssal qui te fait chuter dans le désespoir. Lui, Il m'a sauvée du désespoir. Avec Lui, j'ai découvert la paix et même la joie... Je dis cela aujourd'hui, mais quel chemin il m'aura fallu parcourir depuis mon enfance, la première rencontre avec le Père Jaboulet, le caté, la première communion, depuis mon « entrée en Église »... Et surtout depuis cette terrible période de 1984-1987, depuis ces trois années d'enfer.

À Montpellier, le professeur Vidal avait, d'une certaine manière, débloqué la situation, en forgeant le diagnostic qui traçait la route à suivre pour mon corps en pleine croissance. La ferraille s'est retrouvée au placard. Sans regret. Ouf ! Mais les médecins ont remplacé mon « jeu de mécano » par une coquille moulée sur mesure. Me voilà « emplâtrée » dans la matrice avant d'être coincée dans un beau siège en plastique épousant mon corps depuis le genou jusqu'aux aisselles, mon buste étant soutenu par de fortes lanières. Malgré la beauté des positions hiératiques, imposées aux célébrités des fresques égyptiennes, je n'appréciais que modérément la raideur dans laquelle je passais mes journées. La coquille était là pour m'aider. En vérité elle me faisait suer, au propre comme au figuré. De plus elle n'a pas réussi à redresser mon dos.

Son rôle consistait surtout à favoriser la position assise. Sans la coquille, sans les lanières autour de mon buste, mon corps chutait vers l'avant et sur le côté gauche. Certes, je ne tombais pas. J'étais maintenue assise. Mais ma scoliose lombaire s'aggravait pour courber mon buste jusqu'à 90°, comme je l'ai signalé plus haut. Les souffrances s'intensifiaient. Le dos, le bassin, les hanches protestaient. Les contractures se multipliaient. Tout le corps se mettait de la partie. Les doses médicamenteuses prenaient de l'ampleur. J'ai l'impression que mon emploi du temps se résumait en deux activités : souffrir et sonner pour appeler à l'aide...

L'aide se faisait attendre. Les consultations médicales se succédaient sans apporter d'éclaircie. Le chirurgien connaissait mon épreuve. Il tentait de me faire patienter : « Chrystelle, je ne peux pas intervenir maintenant. Il faut attendre que ta croissance soit terminée. Je sais que tu as mal. Mais opérer, c'est stopper ta croissance. Il faut attendre !... » J'écoutais sans protester. Au-dedans de moi, tout protestait. Je repartais comme j'étais venue, sans espoir nouveau. « Attendre... attendre... Je passe ma vie à attendre... » Je souffrais en silence. Mes parents, eux aussi, souffraient de me voir dans cet état. Combien de fois ils auront pleuré à cause de moi ! Ils ont toujours été là. Après chaque opération, ils étaient là. Ces épreuves ininterrompues ont fragilisé maman. J'en suis persuadée. Comme si la gravité de mon état ne suffisait pas, il a fallu que le suivi de mon dossier médical par le CEM donne lieu à un épisode rocambolesque. J'avais des relations tendues et dénuées de confiance avec le médecin de l'établissement. Celui-ci a décidé, de son propre chef, de brusquer le règlement de mon cas. J'étais allée le voir pour obtenir un traitement plus fort contre la douleur. Comment a-t-il interprété ma demande ? Je ne sais pas. En tout cas, sans m'en parler, il a pris contact avec le professeur Picaud. Que lui a-t-il dit ? Je ne sais pas. On peut l'imaginer sans peine car, de son côté, le professeur (sachant mon degré de souffrance et croyant que je sollicitais un geste de sa part) a accepté d'avancer la date de mon opération, contrairement à la décision qu'il avait prise onze jours auparavant. Silence radio chez les responsables ! Aussi, quand un éducateur est venu me dire, tout tranquillement : « Cet après-midi, on t'emmène à l'hôpital. Tu vas être opérée... », moi, je suis tombée des nues ! Passablement perturbée, je téléphone immédiatement chez moi : « Maman ! qu'est-ce qui se passe ? Qui a décidé ça ? On veut m'opérer aujourd'hui ! » Désemparée à son tour, maman recherche papa. Papa saute sur le téléphone et appelle le professeur Picaud. C'est la surprise et la panique ! Chacun constate que les principaux intéressés (mes parents et moi) ont été court-circuités. L'intervention est annulée. En retour, mes « actions » auprès du médecin du CEM ont connu une baisse sensible ! À plusieurs reprises, j'avais déjà réagi contre certaines décisions qui auraient fait de moi un « cobaye ». Heureusement ma tête n'était pas handicapée et mes parents veillaient. Je n'ose pas imaginer ce qui peut se passer pour les handicapés qui n'ont pas le soutien de leur famille. Même si la majorité du personnel médical et soignant mérite confiance, il faut bien reconnaître qu'existent toujours dans ces circuits des personnes avides d'exercer leur pouvoir de domination sans respect des malades. L'actualité est éloquente à ce sujet. Après cet incident, la vie au CEM deviendra pénible pour moi. On me fait comprendre que mon départ serait un événement heureux pour la maison. Dans l'attente, il me faudra d'abord échapper à la torture physique qui me tenaillait sans répit. Les mois passaient. Les années n'en finissaient pas de s'écouler jour après jour. Les consultations se succédaient. J'avais l'impression d'être une balle de ping-pong. J'entendais le médecin téléphoner à un confrère : « Qu'est-ce que tu en penses ? » La réponse, je la connaissais, elle me revenait de façon lapidaire : « Toi, tu es une énigme, tu es un cas... ! » Talonnée par la douleur, j'attendais une décision. Aujourd'hui, je sais ce qui me permet de garder la tête hors de l'eau. À cette époque, je faisais face, je ne sais pas comment. Le Seigneur était là. Lui, Il a toujours une réponse. Et cette réponse est venue.

Un jour de 1987, le professeur Picaud m'a reçue dans son cabinet avec mes parents. Avec lui j'étais en confiance, j'avais l'estomac serré mais je savais que son discours serait franc et direct. Et son discours a été clair : « Chrystelle, j'ai pris ma décision. Je vais te l'expliquer. Sache déjà que tu peux refuser. Voilà ! je vais tenter d'équilibrer ton bassin et de corriger ta scoliose lombaire. »

Là-dessus, il est allé chercher une colonne vertébrale articulée, en plastique. Tout en la manipulant, il nous a montré, à mes parents et à moi, les défauts présents de ma colonne et les gestes qu'il allait exécuter pour la redresser. J'étais impressionnée. Tout en l'écoutant, j'imaginais les vis, les écrous, les tiges. Je les voyais agresser mon corps. « Comment vais-je supporter tout ça ? » me disais-je. Mais je ne lui en voulais pas. Je préférais savoir. De fait, j'ai été renseignée. Le professeur ne m'a rien caché sur le programme : « Tu subiras deux opérations délicates, à faible intervalle. Je m'occuperai d'abord du bassin. Je m'attaquerai ensuite à la colonne vertébrale. Le plus éprouvant pour toi, ce sera la sortie de l'opération. Tu devras passer une semaine sur une planche, sans bouger un seul membre. Tu en verras de toutes les couleurs. Si l'intervention réussit, tu pourras à nouveau respirer normalement. Tu pourras, peut-être même, retrouver la position assise. Maintenant je dois te dire franchement la dernière chose. »

Le ton de sa voix a changé. Je sens que, pour moi, l'heure de vérité a sonné. Pesant ses mots, avec douceur mais avec conviction, il ajoute : « Cette opération est nécessaire. Dans ton état actuel, en cas d'infection pulmonaire, tu ne survivrais pas. Pour toi, c'est l'opération de la dernière chance ! Si elle réussit, son résultat ne sera que limité. Ta croissance sera stoppée et tu risques de rester allongée à demeure. Voilà ! Tu sais tout. Quelle est ta décision ? » Il s'est tu. Il me regardait. Un silence épais a envahi le bureau. Mes parents étaient comme pétrifiés. Quelques secondes, qui semblent une éternité, se sont écoulées. Ma tête et mon corps, labourés par dix-sept années de souffrance et de combat, se sont unis dans un cri : « Je n'ai plus rien à perdre, tentez le tout pour le tout ! » Un éclair a traversé le regard du professeur Picaud : « Très bien ! Tu es plus mûre que ton âge. La vie ne t'a pas épargnée. Je sais à quoi m'en tenir. On peut y aller. Tu tiendras le choc. » Un homme en or, ce professeur, avec des mains en or ! Entre nous, le courant passait. Je vois encore son sourire quand nous avons quitté son bureau. « Ça va, Chrystelle ? » La question « bête »... Je ne lui en voulais pas : « Oui, oui, ça va... Je n'ai pas le choix... »

Peu de temps après, je me retrouve chez le professeur. Il était entouré de toute son équipe. L'intervention se préparait. L'oreille dressée, j'essayais d'enregistrer le déroulement de l'opération, la danse des termes techniques. Le professeur distribuait les tâches : « Toi, tu fais ci... toi, tu fais ça... » Tout ce discours me paraissait irréel. « Est-ce bien de moi qu'il s'agit ? » J'avais l'impression d'entendre un contremaître, organisant la pose d'un carrelage. La minutie des consignes me rassurait.

Comme prévu, l'opération d'ensemble s'est déroulée à l'hôpital des Massues en deux temps, à trois semaines d'intervalle. La première intervention, une arthrodèse, a eu lieu le 29 avril 1987. Elle a consisté à visser une plaque au niveau du bassin pour le rééquilibrer au maximum. Quatre heures de travail... La seconde intervention, le 22 mai 1987, a duré six heures. J'ai été ouverte dans le dos, de haut en bas. Pour redresser ma colonne vertébrale, pliée, à l'époque, à 90°, les disques intervertébraux ont été entaillés, « ressoudés » pour favoriser une verticalisation de la colonne. Comment maintenir la colonne vertébrale à peu près droite ? Comment redresser mon buste pour dégager les poumons et permettre une respiration normale ? Comment empêcher les chutes vers l'avant ? L'équipe chirurgicale a réalisé un montage de « mécano ». Deux tiges métalliques, l'une de 34 cm et l'autre de 39 cm, avec prise sur la cinquième lombaire (à cause du circuit des vaisseaux) ont été vissées sur les vertèbres. Quarante agrafes sur la peau ont refermé l'ensemble. J'ajoute que l'ensemble de cette reconstruction du bassin et de la colonne a été consolidé par une greffe au niveau du sacrum avec un greffon pris sur le fémur droit (une cicatrice supplémentaire).

Les dix heures d'opération, au total, seront suivies de trois mois d'hôpital, avec, pour commencer, une semaine de complète immobilité, ficelée sur un strikeur. Ces huit jours, au réveil, m'ont laissé un souvenir oppressant. Le résultat des opérations était ignoré. Verdict en suspens. Ma tête brassait des tas d'hypothèses. « Que vais-je faire si ça ne marche pas ? Et si ça marche, peut-être que je pourrais..., etc. » Souvenir oppressant car j'étais réduite à l'état de robot. Aucune initiative de mouvement. Bien attachée, j'étais prise dans une toile d'araignée. De la tête aux pieds, chaque membre était relié au strikeur par des lanières. Elles seules pouvaient provoquer les quelques déplacements obligés. Les tuyauteries pénétraient mon corps de tous les côtés : sondes urinaires, sondes gastriques, sondes thoraciques. Celles-ci avec leurs aspirations, trois à quatre fois par jour, étaient particulièrement douloureuses. Elles dégageaient les glaires dues aux problèmes respiratoires engendrés par un coup de froid. Les drains, les perfusions, tout était surveillé, minuté... « C'est l'heure du sondage », « c'est l'heure du massage », « c'est l'heure des analyses », « c'est l'heure des perfusions ». Le chirurgien passait, vérifiait dans les détails... Je sentais une attention permanente et inquiète... Heureusement, l'après-midi, j'avais du monde pour me distraire, sinon je serais devenue folle. Après le départ, j'affrontais la nuit. Les nuits, à l'hôpital, sont interminables. Quand tu passes près de l'hôpital, ami, avant de retrouver le calme et le confort de ton foyer, pense à la somme de souffrance entassée derrière ces murs. Pour moi, à chaque séjour, les nuits étaient pénibles. 1987 aura été un « sommet » !... Très fatiguée, tu sombres, tu tombes. Pas pour longtemps. Tu te réveilles en sursaut avec le personnel qui passe en effectuant ses contrôles. Les vagues de douleur te secouent. En 1987, j'ai souffert le martyre. Mon dos, pris dans les agrafes, protestait en permanence. Ta tête rumine, tout tourne, tu pleures : « Comment vais-je m'en sortir ? Quelle vie m'attend ?... » L'isolement te pèse et pourtant je préférais être seule pour ne pas déranger un voisin avec mes appels. Pas de radio, pas de musique... C'est long. La lumière du jour ramenait un peu d'espoir. Maman arrivait :

« Tu as bien dormi ?

– Mais oui, maman... »

Je n'aime pas mentir. Je ne savais pas comment m'en tirer. Et puis, dans le défilé de l'après-midi, tu as droit à la question « bête » et classique : « Alors, ça va ? » « Ben oui, ça va... »

Et pourtant ces bonnes âmes voient bien que tu ne peux pas bouger d'un poil ! Malgré cela, clouée sur mon lit, j'appréciais les visites. Une présence rayonne et vous remonte le moral, au moins quelques instants. C'est ce que j'ai vécu avec Ludo, un ami d'enfance. Lors de mes séjours dans le midi, l'été, j'avais connu Ludo en pleine forme physique. Nous nous sommes suivis. À seize ans, la vie de Ludo a basculé. Arrivé à la dernière minute sur le quai de la gare, il a voulu sauter dans le train... au moment où les portes se fermaient. Il est passé sous le train. Dans l'accident il a laissé ses jambes. C'est ainsi que nous nous sommes retrouvés au centre des Massues. Moi, pour mon « opération de la dernière chance » et Ludo pour des essais de prothèses et une période de rééducation. Dans l'univers hospitalier on se raccroche aux visages connus et familiers. J'étais heureuse de retrouver Ludo. Il était transformé. J'étais stupéfaite. Il manifestait un dynamisme exubérant : « Maintenant, je suis heureux ! Mon accident a été pour moi une renaissance ! Je commence une seconde vie, je peux faire ce que je veux ! » Il l'a prouvé lors de notre rencontre de 1987. Ludo venait souvent dans ma chambre avec son petit orgue portatif pour me distraire. La veille de mon opération, il est passé. J'étais plongé dans l'angoisse du lendemain. Sa présence amicale était déjà à elle seule un vrai réconfort. « Ne t'inquiète pas, m'a-t-il dit, demain je serai là quand on viendra te préparer pour l'anesthésie. » Les opérés sont coupés du monde. Ce message m'a fait chaud au cœur. J'avais du mal à y croire. Je le prenais seulement comme un encouragement affectueux. Et pourtant, le lendemain à 6 heures, au moment où les infirmières et les médecins anesthésistes m'entouraient, j'ai vu arriver Ludo sur son fauteuil roulant, manié vigoureusement. Il m'a pris la main. Dans ma détresse, il a réussi à me faire sourire. Il est allé plus loin. Après l'opération, il a provoqué un véritable « bazar ». J'étais, selon le protocole, isolée dans la salle de réveil, plongée dans les vapes. Ludo est venu tambouriner à la porte. Il voulait connaître le résultat. « Elle est comme ma sœur, je veux la voir ! » répétait-il avec force. Le personnel a cédé. Je n'ai appris son équipée que par la suite, évidemment. Ludo ! Quel ami ! Un vrai frère, celui que je n'ai pas eu. Nos chemins ont divergé, notre amitié demeure. Ludo a épousé une kiné des Massues. Ils ont deux enfants. Ludo mène sa vie, tambour battant : handisport, combat pour les droits des handicapés, multiples contacts avec les médias. Le baratin, les convenances ne l'intéressent pas. Pour les handicapés, le regard des autres est une épreuve à répétition. Pas pour Ludo. Quand on se retrouve (une fois par an environ), il m'embrasse, il me présente à tout le monde, il parle, il parle, il déborde de sympathie, il est « cool »... et toujours prêt à rendre service. Un vrai frère, vous dis-je... Il m'a prouvé que le handicap moteur, malgré sa brutalité et son poids si lourd, n'est pas automatiquement un ennemi qui vous détruit. Je le constate aujourd'hui. Avant de parler ainsi, il m'aura fallu affronter les « quarantièmes rugissants », un vrai cauchemar. J'y reviens.

Les deux opérations, aux Massues, à trois semaines d'intervalle, la peau coincée par ma plaque métallique au niveau du bassin, c'était douloureux ! Les agrafes dans le dos, ça tirait ! Plusieurs fois par jour, les aspirations des glaires pour éviter l'étouffement. Je protestais : « Ça me fait vomir ! » et le kiné : « Ça ne fait rien ! » La galère ! Je me répétais : « Quand verrai-je le bout du tunnel ? » Et quel tunnel ! Trois mois de soins après les huit jours de strikeur... et mon corps descendu de 38 à 25 kg. Il me faudra un an pour récupérer le poids initial !... Le bout du tunnel ? Le jour fixé pour ma sortie de l'hôpital, au bout de cent jours, j'apprends que mon départ est annulé. Une cicatrice s'est infectée. Remise sous perfusions pendant quinze jours... Vais-je m'en sortir ?... Dieu a ses voies. Je les comprends aujourd'hui. Dans mon combat j'étais entourée et, dans le même temps, je découvrais de belles choses.

Du strikeur je suis repassée dans un lit. Je guettais les résultats de tout ce remue-ménage. Dès qu'une infirmière entrait dans ma chambre, je l'interrogeais :

« Du nouveau ?

– Oui, mais on n'a pas le droit de te le dire, c'est le chirurgien qui peut te le dire. »

Du nouveau ? Mais encore ? Je connaissais bien les

infirmières, j'essayais de les faire parler. J'étais au courant de leur vie familiale. Je posais des tas de questions. Elles étaient devenues des amies. Certaines me suivaient depuis des années. Elles prenaient du temps avec moi. Pendant les soins, je sentais la douleur, mais avec nos discussions je les supportais mieux. Ma façon de réagir les étonnait : « Tu sais, dans le service, on n'en a pas beaucoup comme toi ! » Quand je les quitterai, elles auront les larmes aux yeux. « Quand reviens-tu nous voir ? » À cette époque, j'ai passé plus de temps avec elles que dans ma famille. Plus tard, c'est avec plaisir que je leur ai rendu visite. Sur ma route « étroite », Dieu a mis des infirmières au cœur d'or. Il me préparait une autre surprise. Quelques semaines après « l'opération de la dernière chance », le professeur Picaud est venu frapper à la porte de ma chambre. « Entrez ! » La porte s'ouvre. Il est seul. Ça m'inquiète. D'habitude, il passe avec ses assistants, les internes et les infirmières.

« Chrystelle, j'ai une bonne nouvelle pour toi. » Un silence, je le vois regarder ses papiers, tout en faisant le tour du lit. « Qu'est-ce qu'il va encore te dire ? » Il répète : « J'ai une bonne nouvelle pour toi. La dernière intervention dans ton dos a donné de bons résultats. » Je le regarde :

« Ah bon, vous êtes sûr ?

– Je ne mens pas, Chrystelle. Tu n'as pas l'air de me croire ?

– J'ai tellement été menée en bateau que maintenant je m'attends à tout ! »

Alors il détaille son bulletin de victoire : « Tu vas bientôt pouvoir t'asseoir, respirer correctement. Tu tiendras ta tête aussi droite que possible ! » Je l'écoute, tout en me disant : « J'espère qu'il a raison... » Sans autre commentaire, il tourne les talons. La porte se referme.

Je suis là, seule, abasourdie, assommée. Je ressasse ce que je viens d'entendre. Est-ce possible ? C'est trop beau pour être vrai ! Je peux vivre ! Je suis sauvée ! Envahie par des flots de joie et tendue par l'angoisse de voir cette espérance partir en fumée, je craque. Pendant un long moment, je suis secouée par des sanglots. Peu à peu, le calme revient, je reprends mes esprits. Ma première réflexion m'étonne encore aujourd'hui, j'ai eu tant de chemins à parcourir depuis cette « révélation » : si le professeur a raison, si ce qu'il dit fonctionne, comment vais-je pouvoir remercier tous ceux qui m'ont aidée depuis des années ? Que vais-je faire à mon tour, pour me rendre utile avec les moyens physiques qui me restent ? Avec une foi encore faible, je poursuis : Seigneur, c'est Toi qui m'as sortie de là ! Tu me fais voir le bout du tunnel ! Maintenant, que veux-Tu que je fasse pour Toi et pour les autres ? Sur mon lit d'hôpital, j'ai tourné et retourné des tas d'idées, des tas de projets, des tas de questions. Mille et une choses se bousculaient dans ma tête. Passé le moment d'émotion, passé le grand élan intérieur, la dure réalité de mon état physique s'est imposée, avec la trop longue liste des obstacles à vaincre pour progresser. Grâce à Dieu, j'ai eu la chance (une de plus) d'être confiée à un kiné compétent et d'une solide stature humaine. Au début j'avais peur, ce kiné était aveugle. Quand je l'ai vu se déplacer avec aisance dans le service, exercer son métier sans hésitation avec des gestes précis, et surtout quand j'ai découvert son caractère, alors je lui ai donné ma confiance. Les aveugles ont un *feeling* que nous ne possédons pas. Lui, il avait très bien senti mes craintes. Il me l'a dit. Non seulement il m'a aidée à retrouver la position assise (une résurrection !...) mais encore il m'a armée contre le handicap. En dehors des séances, j'allais le voir dans son bureau pour lui demander quelques conseils. Devant les problèmes médicaux, les visiteurs ne savaient que répondre : « Ça ira mieux demain ! » mais lui, partant de son propre combat quotidien, prenait le taureau par les cornes.

« Appuie-toi sur ta volonté !

– Mes parents n'acceptent pas ce fauteuil roulant. Que dois-je faire ? Comment me sortir de ce handicap ? J'en ai ras-le-bol !

– Ce ne sont pas les autres qui vont se battre à ta place ! Ton fauteuil, tu ne pourras pas le quitter. Tu dois faire avec. C'est comme ça, bats-toi ! Tu dois dépasser ça !

– Vous croyez que je vais accepter de passer ma vie dans un fauteuil ?

– Tu verras ! Ça deviendra un accessoire pour toi. Ton fauteuil ce n'est pas toute ta vie. C'est dur, ce que je te dis. Moi aussi, j'en ai bavé, pour faire ma place, surmonter mon handicap. Avancer tout le temps dans le noir ce n'est pas tous les jours la fête. Fais comme moi. Bats-toi ! Ne perds pas courage ! Bats-toi ! »

Il était raide, mais si vrai. J'aimais son discours clair et sans fausses notes. Grâce à lui, l'abcès se vidait.

« Que vais-je faire de ma vie ? » et je pleurais.

« Pourquoi tu pleures ?

– Je pleure parce que je sais que je ne serai jamais comme les autres. Je ne pourrai jamais fonder une famille (j'avais dix-sept ans). Qui voudra de moi ?

– Je te comprends. Tu dois d'abord réagir et vivre. Qui vivra verra... »

Revenant sur ces échanges, je remercie ce kiné. Mon chemin s'est tracé. Il avait raison. Le fauteuil est devenu accessoire. Je me suis lancée dans le combat. Maman m'a, plusieurs fois, rappelé un propos tenu par les médecins, depuis mon premier jour dans l'incubateur : « Cette enfant a véritablement envie de vivre. Elle se bat ! » et maman d'ajouter : « Vraiment, tu t'es beaucoup battue ! » Et je ne regrette rien. J'aurais pu éviter les souffrances des opérations. Comment accepter de rester toujours étendue ? J'ai pris les risques. Je savais que les résultats seraient limités. Ma scoliose a été ramenée de 90° à 38°. Mon bassin n'a pas été complètement redressé. Ce qui explique le décalage de 8 cm entre ma jambe gauche et ma jambe droite. Ma croissance a été stoppée. Les flexions vers l'avant, les torsions de gauche ou de droite m'ont été interdites par l'armature métallique (dans un premier temps), puis par la soudure des vertèbres de ma colonne (dans un second temps). Aujourd'hui, je peux tenir assise. Je suis heureuse d'être là.

Ce kiné, auquel je dois tant, je ne l'ai jamais revu. Pourtant j'aurais aimé lui faire constater les progrès réalisés. D'autant plus que je dois à son esprit de décision d'avoir mis en route les exercices qui allaient me conduire vers la position assise. Tu sais, cher lecteur, évoquer la position assise, cela doit te paraître un tantinet ridicule et de peu d'importance, tant le fait de s'asseoir est normal et automatique pour des millions de gens. Pour moi, à l'époque, s'asseoir était une position inconnue, une sorte de rêve. Sanglée depuis des années, couchée depuis des mois, je n'osais plus espérer. Et voilà que le kiné débarque et me dit tout de go : « Je vais t'asseoir au bord du lit ! » Moi je passe par toutes les couleurs de l'arc-en-ciel. J'avais très peur ! De plus, lorsqu'il m'a saisie dans ses bras pour me faire pivoter, de nombreuses cicatrices se sont mises à « hurler ». Ma tête tournait.

« Tu as peur (il sentait tout) ?

– Oui, j'ai peur de tomber !

– Ce n'est pas grave ! »

Et il m'a progressivement installée, sur un fauteuil électrique, en redressant peu à peu le dossier. Les agrafes tiraient. J'observais mon corps. Je redoutais de sentir les cicatrices s'ouvrir : « Je n'aurai pas le courage de recommencer ! » Il m'a fallu du temps pour retrouver la confiance en mon corps et croire à la position assise. S'asseoir ! C'est si facile pour toi. Je ne te connais pas, mais je le souhaite pour toi. Pense à remercier le Seigneur. S'asseoir, c'est un cadeau de prix. Je l'ai conquis de haute lutte ! Ce kiné aveugle avait raison. Il faut se battre ! Pour tout, c'est comme ça !

Après l'épreuve de l'opération de 1987 (« l'opération de la dernière chance »), de nouveaux combats m'attendaient. Quel sens vais-je donner à ma vie ? Me voilà de retour au CEM Richard de Lyon. S'ouvre alors, pour moi, une période de perturbations. Le Centre d'éducation motrice veut donner à chacun le maximum d'indépendance. Il était clair pour eux, semble-t-il, que la faiblesse de ma vue et le manque de coordination de mes mouvements me plaçaient dans la catégorie des « indésirables ». Pour eux, me laisser dans le groupe scolaire temps plein, ce ne serait qu'une perte de temps et pour moi et pour les autres. Les responsables réalisaient qu'un jour ou l'autre il faudrait me placer dans une autre structure d'accueil.

On peut comprendre cela... J'ai compris aussi, à cette époque, quelles pouvaient être la solitude et la détresse des handicapés devant les bien portants, devant les organismes mis sur pied, à grands frais, pour l'aider à surnager. J'ai constaté combien la mise en place des moyens matériels et des personnels « qualifiés » n'était qu'un « présupposé ». Le principal tient dans l'intelligence, dans la volonté, dans le cœur, dans tout cela réuni. L'Église a raison de nous rappeler constamment que la nature humaine est « blessée ». Revenant d'opération, je revenais au CEM avec la volonté de me battre pour grignoter quelques progrès. En fait, j'allais me heurter à un environnement hostile à ma simple présence. Pour commencer, j'ai été « déclassée » dans l'enseignement à temps partiel. Ma tête fonctionnait bien. Ma mémoire enregistrait. Mes mains ne suivaient pas. Conclusion : « Tu n'es bonne à rien ! » Notre monde a besoin de découvrir le respect dû à la personne. Comment peut-on écraser avec méchanceté un être sans défense ? On me disait : « Personne ne voudra de toi ! » Ce refrain me rongeait. Je reconnaissais intérieurement : « Oui, c'est vrai, tu as un trop gros handicap, personne ne voudra de toi. » Si j'avais cédé à ces moments de désespoir, je ne serais plus là pour en parler. Comment ai-je pu sortir de ce pétrin ? Je me pose souvent cette question. « Tu es là au cœur de nos vies », chantait Raymond Fau. La réponse, c'est Toi, Seigneur. Mais quel chemin ! Moi, j'avançais à coups de volonté, à chaque instant, pour ne pas me laisser noyer par les « déferlantes », par les gestes, les propos, les décisions hostiles. C'est horrible d'être traitée comme un chien ! Encore que, aujourd'hui, la plupart des chiens sont mieux traités dans notre pays que beaucoup d'êtres humains. J'en sais quelque chose. Je pense à tous les handicapés éliminés par avortement ou par euthanasie. Je pense à tous les « incapables majeurs » ou réputés tels... Je pense à telles personnes qui ont osé me reprocher, en face, d'être vivante ! Pour certains handicapés, c'est un cauchemar quotidien. Dans l'épreuve on réalise la force mystérieuse et irremplaçable de l'amour des parents. Depuis toute petite, et aujourd'hui encore, j'ai la certitude que mes parents ne me laisseront pas tomber. C'est une sécurité. Lorsque certains personnels ont cru pouvoir me traiter en cobaye, mes parents ont réagi. Leur intervention n'a pas fait plaisir. Tant que la directrice du CEM, que j'aimais bien, est restée en fonction, je n'ai pas eu à souffrir de quelques rancœurs. Malheureusement pour moi, elle a pris sa retraite. Après son départ, le style et l'ambiance de la maison ont changé. L'heure était arrivée pour moi de « payer la note » auprès de quelques décideurs. Certains instits m'attendaient au virage. Je me suis retrouvée en cours. J'avais mal aux mains. Je voyais mal. J'avais des difficultés à suivre, physiquement, mais je comprenais tout. Je voulais apprendre. Je m'accrochais. Malgré cela, j'ai été évincée. Le fameux « tu n'es bonne à rien ! » m'était asséné avec régularité. J'ai été reclassée en « cours partiel ». Une expression pudique. Cela veut dire que l'on vous occupe avec quelques activités et « discussions » sans réelle efficacité. Le soir, je demandais aux copines de me raconter les cours auxquels je n'avais pas eu droit. Je constatais que je comprenais tout. Ça me faisait mal au cœur. Je sentais qu'on m'enlevait mon potentiel intellectuel. Je protestais : « Je peux faire plein de choses. Pourquoi vous me barrez la route comme ça ? »

Bizarre que dans une école spécialisée pour les handicapés, on vous évince d'un cours adapté à votre niveau parce que vous êtes handicapé ! Parce que vous avez besoin d'aide et que cela prend du temps ! Aujourd'hui, je parle de tout cela avec calme. À l'époque, je pleurais toutes les larmes de mon corps. Je ne pleurais pas sur mon handicap physique, sur la marche impossible, sur l'écriture plus que pénible, sur la vision troublée, je pleurais sur cette injustice qui me tourmentait. Pourquoi me refuser l'accès aux connaissances ? J'étais déçue et meurtrie. Jusqu'à la fin de mon séjour au CEM, j'ai été maintenue dans un secteur où l'on n'apprenait rien. Toutes mes demandes de changement étaient refusées. J'allais aux séances contrainte et forcée. Un handicapé, tu le balades comme tu veux... Tout au moins tu peux le penser... Toucher le mental avec cette obstination, c'était cruel. Je sentais que ce n'était pas vrai. J'aimerais revoir les personnes qui ont tout fait pour me casser, me jugeant irrécupérable et cherchant à me réduire à l'état de « déchet ». Je sais qu'il y a beaucoup d'inconscience et de superficialité dans les jugements que nous portons sur les autres : « incapable, bon à rien, légume, déchet... » C'est pourquoi je ne souhaite aucune vengeance. Je voudrais seulement aider ces personnes à descendre, avec simplicité, de leur piédestal. Je voudrais leur faire comprendre que les études, les diplômes, une bonne santé, c'est bien, mais ça ne fait pas tout. Pour elles, j'étais « perdue ». Elles pensaient faire de moi ce qu'elles voulaient, un cobaye. Heureusement, mes parents étaient là. Heureusement, depuis toute petite, petit bout de femme, j'avais appris à souffrir, à patienter, à me battre. Il y avait quelque chose en moi. Quoi ? Je ne sais pas.

Comment ai-je pu supporter tout ça ? D'où m'est venue cette volonté de me battre ? Ces questions me « turlupinent ». Cela reste un mystère pour moi. « Elle ne vivra pas », disaient quelques médecins, au départ. Et je suis là ! Et bien là ! Quelle bataille ! Ça vaut le coup de se battre. C'est tout ça que j'aimerais dire à celles et ceux qui ont cherché à me décourager, à me « casser », au lieu de m'aider. Le Seigneur veillait. Je le sais maintenant. Je peux dire : « Pardonne-leur, ils ne savent pas ce qu'ils font. » Mes réactions t'auront peut-être surpris, cher lecteur ? Tu auras découvert que, pour le handicapé, le regard de l'autre a une importance majeure. Petite fille promenée à travers notre village, j'avais senti le regard inquiet des voisins, les réponses embarrassées de mon papa, sentiment de malaise et de malédiction, je me suis sentie « à part ». À quinze, seize ans, je voulais m'habiller comme les filles de mon âge. Je souhaitais me distinguer non pas par mon handicap, mais par mon élégance. Ça me « prenait la tête ». Les éducatrices qui m'accompagnaient, lors de mes sorties du CEM, avaient attiré mon attention sur des réflexions déplacées, assez classiques chez les bien portants au spectacle offert par le handicapé. Elles nous avaient appris à réagir et à répondre. Je me souviens d'incidents dans un magasin. Une femme s'adresse à sa voisine : « T'as vu la fille là-bas ? Elle marche pas ! » Je me retourne vers mon accompagnatrice :

« Tu entends ? Je réponds ?

– J'ai entendu. Laisse tomber ! »

J'obéis. Plus tard, une dame me regarde avec insistance, avec voyeurisme. Je monte au créneau : « Vous voulez ma photo ? » Et je sors une photo. Décontenancée, la femme s'en va. Un moment après, elle revient vers moi. Elle s'excuse. Je sens qu'elle est mal. Elle ne sait comment rattraper son indiscrétion. À l'époque, adolescente, facilement insolente, je suis satisfaite de sentir les rôles inversés. Avec le recul j'aurais autre chose à lui dire, aujourd'hui. Je souhaite que son regard ait dépassé les apparences.

Les opérations à l'hôpital, le retour décevant au CEM, le regard blessant des autres, vraiment je traversais les « quarantièmes rugissants ». Et pourtant, dans la tempête il y avait une lumière. Je devinais une étoile.

CHAPITRE V

DANS LA TEMPÊTE... QUELQUES ÉCLAIRCIES
De dix-sept à dix-neuf ans

Après « l'opération de la dernière chance » de 1987, mon bateau a traversé quelques tempêtes. Le handicap pesait de tout son poids. Souvent, je me posais des questions majeures : « Que vais-je devenir ? Quel sens donner à ma vie ? Comment trouver une place dans la société et quelle place ? »

Tout le monde se pose ces questions. Pour nous, handicapés, les réponses sont difficiles à concrétiser. Les vagues de contrariétés se succèdent. De véritables tempêtes. Il faut tenir à coup de volonté et profiter des éclaircies pour faire son trou. Sinon, les gens ne viennent pas à nous. Pas de place pour nous. Nous nous retrouvons seuls et nous coulons.

De la volonté, il m'en a fallu. Je ne sortais de l'hôpital que pour y retourner. Des séances intenses de kiné s'imposaient. J'ai découvert le charme très relatif du standing. Pour corriger les inconvénients de mon immobilité, le standing voulait favoriser la circulation du sang, le transit, le sens de l'équilibre, en bref, le fonctionnement normal du corps humain. On me collait directement, à la verticale, contre un panneau. J'étais ligotée à la hauteur de la poitrine, des genoux, des tibias. Des coussins glissés aux bons endroits me maintenaient droite. Mon corps, indiscipliné, protestait par de multiples contractures, toujours douloureuses. L'hôpital, par la suite, heureuse éclaircie, a opté pour le système de verticalisation. Ce fut un progrès. Couchée et attachée sur une planche, j'étais basculée en position debout. C'était rapide, efficace et moins pénible. Le personnel étudiait, à chaque séance, ce qui pouvait atténuer la souffrance. Je lui en sais gré. Il s'étonnait que je ne me plaigne pas. « N'hésite pas à nous dire ce qui te fait mal ! Tu n'es pas douillette, mais quand même, nous avons besoin de savoir. » Inconsciemment, depuis le plus jeune âge, je m'étais habituée à « encaisser ». Ce n'était pas de gaieté de cœur. Très vite, j'ai compris que ce qui m'arrivait était inéluctable. Je me suis armée de patience. À dix-sept ans, j'avais un arsenal de comparaisons : « J'en ai vu d'autres. Ce n'est pas le moment de baisser les bras ! Je dois tenir sinon ce sera l'enfer pour moi et ceux qui m'entourent. C'est comme ça. Je n'ai pas le choix. Râler tout le temps, ça change quoi ? Rien ! Et l'entourage est irrité... » Alors j'essayais de ne pas montrer ma peine ou ma déception, quand l'aiguillon de la souffrance me taraudait, quand on m'annonçait : « Tu ne sors pas maintenant, on te garde encore dix jours, peut-être... » Auprès de certaines infirmières de confiance, je vidais mon cœur et j'essayais de les faire parler. Je voulais savoir le pourquoi du comment de tout ce qui m'arrivait. Elles savaient répondre sans trahir le diagnostic médical. Elles étaient une vraie « présence ». Elles communiquaient une chaleur apaisante.

Au-delà de la souffrance physique s'ajoutait pour moi, à cette époque, une épreuve morale de taille. À partir de la puberté et au fil des mois, j'ai réalisé que ma vie ne serait pas comparable à celle des jeunes de mon âge. À l'évidence, d'énormes problèmes étaient là. La gravité de mon handicap pulvérisait mon rêve de connaître une vie de couple et d'avoir la joie d'être maman. Les médecins disaient que je pouvais enfanter ! Comment accueillir un enfant, alors que je serais incapable de l'élever moi-même ? J'ai accepté mon état. La déception a été grande. La souffrance s'est transformée en nostalgie, avec des pincements au cœur. Il y a des naissances autour de moi. J'aime me rendre à la maternité. C'est un plaisir, même si je suis consciente que cet enfant que je viens visiter n'est pas le mien. Un jour, arrêtée devant un magasin pour bébé, je me suis mise à pleurer. Gentiment, la vendeuse s'est approchée de moi :

« Ça ne va pas ? Est-ce que je peux vous aider ?

– Non merci ! il n'y a rien de grave... »

Et je suis repartie. Aujourd'hui, j'accepte mon état, d'autant plus que j'ai trouvé ma voie.

Souffrance physique ? Souffrance morale ? Le plus dur à supporter, c'est la souffrance morale, surtout lorsqu'elle est accompagnée d'un sentiment d'injustice. Être privée d'une vie de couple, de la maternité, pour moi, j'avais le sentiment d'être victime d'une injustice. J'ai cherché des dérivatifs dans ma soif de savoir. Esprit curieux, j'ai toujours voulu apprendre. Une nouvelle déception m'attendait. Je l'ai déjà évoquée dans le chapitre précédent. Mais j'y reviens, tant cela m'a perturbée.

Voilà que les professeurs au CEM, arguant de mon handicap, décident de me mettre sur la touche en m'affectant au secteur dit « cours partiel ». J'ai résisté comme j'ai pu. Mes réclamations sont restées vaines.

Une filière de formation se fermait. Coup dur pour le moral, d'autant plus (je le rappelle) que la seule activité qui me reste se rattache aux opérations de connaissance et de réflexion. Renonçant à tout diplôme (le « sésame » obligatoire de notre époque), j'ai fait contre mauvaise fortune bon cœur et je me suis investie dans ces cours à mi-temps : l'un était scolaire (français et mathématiques), l'autre était socioculturel (lectures, discussions sur thèmes et un peu d'informatique). Dans cette grisaille, je traversais quelques éclaircies. Chaque matin, sous la rubrique qui nous était réservée, nous devions relever dans les journaux les passages un peu marquants et préparer l'émission hebdomadaire de la radio interne de l'établissement. Cette activité nous intéressait. Elle était vivante et nous reliait à l'actualité extérieure. C'est ainsi que j'ai capté, à la volée, certaines connaissances. Je dis « à la volée », car non seulement l'instruction dispensée était légère, mais encore mes fréquentes absences (pour hospitalisations, examens médicaux, soins, etc.) créaient des « blancs » dans le déroulement du programme.

Pour être honnête, ces « blancs » ne me pesaient pas trop. Il y avait une contrepartie. Les fréquents retours à l'hôpital des Massues étaient l'occasion de retrouvailles.

Des infirmières, je garde un si bon souvenir ! Elles étaient des amies pour moi. Grâce à elles, mon temps de souffrance a été émaillé de moments lumineux et joyeux, tant leur cœur était chaleureux. À l'occasion de mes sorties du CEM, si les moyens de transport passaient à proximité de l'hôpital des Massues, j'allais prendre des nouvelles de tout le monde, je retrouvais avec plaisir les locaux agréables, clairs, spacieux, et le beau parc ! Ces lieux me rappelaient des « éclaircies » éblouissantes dans le trouble créé par la souffrance. Un soir, une fête était organisée dans le centre de rééducation. Nous écoutions de la musique. Nous étions invités à trouver une façon de danser ! Mon ami Ludo (dont j'ai parlé dans les chapitres précédents) s'est précipité vers moi, en trombe (c'est un farceur). Manipulant son chariot d'un bras (Ludo a les jambes coupées), il a saisi mon fauteuil de l'autre bras, il l'a fait basculer sur ses deux roues arrière et m'a entraînée dans une vraie farandole ! J'étais attachée, heureusement ! J'étais ravie !

C'est pourquoi, venant un jour en consultation au centre des Massues, je n'ai pas résisté à l'attrait de cette maison. Au CEM, j'entendais souvent un refrain démoralisant : « Tu es nulle ! Tu n'es bonne à rien ! » Alors, auprès du chirurgien qui m'examinait j'ai posé la question de confiance :

« Est-ce que je peux rester ici ? Je n'ai pas envie de rentrer au CEM ! »

Ce médecin me connaissait depuis l'âge de trois ans.

« Pourquoi veux-tu rester ?

– Ici, il y a tout ce qu'il faut pour ma rééducation. Et puis au CEM, c'est trop dur ! »

J'avais le moral en berne. Il l'a senti : « Allez, c'est bon ! tu restes ! » Là-dessus, il appelle le CEM : « Nous gardons Chrystelle, elle a besoin d'une rééducation intense. » C'est ainsi que, partie à l'hôpital pour une consultation, j'ai pu y demeurer deux mois ! J'échappais au remous accablant du CEM et je profitais des prestations bien élaborées, offertes par les Massues. Une ou deux fois par semaine, une institutrice retraitée, très gentille, nous prenait par groupe de cinq ou six et nous donnait des cours de français et de maths ! J'ai appris des tas de choses. L'ergothérapeute faisait travailler mes mains. En dehors des cours et de la rééducation, je faisais ce que je voulais. Pour moi, c'était merveilleux ! Grâce à mon fauteuil électrique, je circulais, je voyais du monde, je retrouvais des visages sympathiques. Certains soirs, nous les malades, nous nous retrouvions dans la salle des fêtes du centre. On s'amusait. Je n'ai jamais tant rigolé que là-bas ! Tu seras étonné, ami lecteur, par les réactions des handicapés. Sache que la vie est toujours la plus forte. Le dynamisme de la vie peut briser les déferlantes des tempêtes que nous traversons. Si certains disparaissent dans le tourbillon, d'autres font surface et tendent toute leur énergie pour « surfer ». Par exemple, je me souviens des « éclaircies » apportées par la catéchèse. Après ma première communion, j'avais continué ma formation. L'aumônerie m'apportait des réponses. Elle m'offrait aussi un moment de paix, après des journées menées sur un rythme vif. Chaque heure, chaque activité nous parlait de notre handicap.

Constamment il fallait « encaisser » ! Le CEM, comme toute bonne « usine » n'était pas là pour faire du sentiment autour des « produits ». Il exigeait des résultats. Des moyens importants et onéreux étaient engagés pour faire progresser notre motricité. Le relâchement n'était pas tolérable... Débarquer à l'aumônerie, en fin de journée, c'était un vrai soulagement. Enfin libres ! Enfin une activité qui n'était pas obligatoire ! Dans notre local, nous étions tranquilles. Personne ne nous dérangeait. Nous étions regroupés par âge, c'était la détente hebdomadaire. Le fonctionnement était simple. Venait qui voulait. La préparation de la liturgie, l'actualité, les témoignages des intervenants, tout était sujet à échange. C'était bon... Enfin, on parlait d'autre chose que du handicap. En parole (notre moyen d'évasion) nous allions loin, vers le tiers-monde, vers les pays sous-développés. Nos problèmes pouvaient être confiés au prêtre, à la religieuse, nous vidions notre sac. Nos questions, quel que soit le sujet, recevaient une réponse simple et claire. On nous disait la vérité. On ne se sentait pas menés en bateau. N'ayant entendu parler de rien chez moi, j'étais larguée sur certains sujets, en particulier dans la liturgie. Je posais des tas de questions. J'avais « soif ». Nos animateurs prenaient le temps qu'il fallait : « Je te prendrai à part du groupe et je t'expliquerai tout ce que tu demandes », disaient-ils, et ils tenaient parole. Si tu faisais une erreur, personne ne te jugeait ou se moquait de toi. Ce qui ne nous empêchait pas, tous les jours, de rigoler franchement. J'ai apprécié la grande liberté laissée à chacun. Ou tu continuais, ou tu partais. Pas de critique. Moi, je suis restée à l'aumônerie. Dans ce domaine, quand tu commences, tu ne t'arrêtes plus. Après de longues années (en 1987, je suivais les réunions depuis sept ans), après de longues discussions, après des explications répétées, j'ai fini par découvrir le trésor de la parole de Dieu. Ce trésor, quand tu le découvres, tu ne le lâches plus. « Je te bénis, Père, Seigneur du ciel et de la terre, d'avoir caché cela aux sages et aux intelligents et de l'avoir révélé aux tout-petits » (Mt 11, 25). De collectif au départ, tout devient personnel. Tout s'intériorise. L'aumônier s'en est aperçu. Il a décidé de me faire avancer.

« Veux-tu être confirmée ?

– La confirmation ? C'est quoi ?

– C'est ta façon de confirmer ta foi, de confirmer ce que tu as reçu au baptême.

– Qu'est-ce que j'ai reçu au baptême ?

– Tu as reçu l'Esprit Saint.

– Qu'est-ce que c'est, l'Esprit Saint ? »

À mes questions, tu saisis, ami, le chemin que j'avais à parcourir. J'étais pointilleuse, j'ai multiplié les questions. À la fin de l'entretien (je m'en souviens comme si c'était hier), je m'interroge encore :

« Vous croyez que je suis capable ?

– Mais bien sûr, Chrystelle ! »

Alors chez moi, le week-end suivant : « Maman, j'ai une nouvelle à t'annoncer, je vais faire ma confirmation. » La tête de maman !...

« Mais pourquoi tu fais ça ?

– Pour approfondir ma foi !

– Tu sais, tu n'es pas obligée. Qui t'a imposé ça ?

– Mais moi, je veux !

– Ah bon ! »

Et voilà comment j'ai entamé ma préparation au sacrement de confirmation.

J'ai cherché une marraine. Le Père Jaboulet, notre aumônier, m'a suggéré de m'adresser à une bénévole qui était venue, à plusieurs reprises, au caté, témoigner de sa vie. J'aimais beaucoup sa façon de parler, d'aborder les événements qu'elle avait vécus. L'aumônier m'a encouragée : « Appelle-la ! C'est une personne cultivée. Professeur d'histoire-géographie, elle suit en même temps des cours à la Catho. Elle sait ce qu'elle veut. Elle est très engagée dans l'action sociale (prisonniers, mal logés, etc.). Tu peux avoir confiance, elle t'aidera. » J'ai décroché le téléphone. Le Seigneur est surprenant. Je cherchais de l'aide. Sans le savoir (à ce moment-là), ma démarche tombait à pic ! Celle qui est devenue ma marraine me l'a avoué par la suite : « Lorsque tu as appelé, j'étais effondrée sur mon canapé, physiquement et moralement. Dans un éclair, j'ai réalisé tout ce que contenait ta demande de parrainage. Je me suis sentie renaître, j'avais trouvé, face à tous mes problèmes, une raison supplémentaire de me battre ! » C'est ce qu'elle a fait. Je lui dois une grande reconnaissance. Elle s'est investie sérieusement dans son rôle d'accompagnante. Des liens profonds se sont créés. Depuis bientôt vingt ans, nous nous téléphonons. Je reçois des cartes. Elle vient me voir de Lyon deux ou trois fois par an. Un contact pareil, qui dure depuis si longtemps, c'est beau, c'est vivifiant ! Je suis très attachée à elle, parce qu'elle est vraie. J'ai senti cela dès nos premiers contacts. Dans ma préparation à la confirmation, je lui téléphonais pour la tenir au courant de mes activités, pour lui poser des questions, lui dire ma pensée. Elle venait me voir de temps à autre. Une vraie accompagnante. Cela ne m'a pas étonnée. Au caté, elle nous parlait de sa classe. Elle nous décrivait ses élèves dans leurs différences et dans leurs richesses socioculturelles, religieuses... Elle nous disait qu'elle apprenait à connaître le monde en écoutant chacun, et aussi à l'occasion de ses voyages. J'ai aimé l'attention qu'elle portait aux autres avec tout son cœur.

C'est ainsi qu'avec elle et avec les autres handicapés (nous étions cinq confirmands) nous avons cheminé. Nous essayions de comprendre ce que nous allions vivre, dans le même temps, nous pensions aux détails de la liturgie. Nous voulions que tout soit beau ! Pour moi, ce n'était pas une mince affaire. Comment dissimuler mon appareil de soutien, sans me transformer en personnage de carnaval avec des voiles gonflantes, style « montgolfière » ? À l'époque, j'étais encore ficelée dans une coquille avec des courroies. J'ai couru les magasins. Après de multiples essayages, j'ai trouvé une formule présentable, quasiment élégante, pour le jour J. Ce jour J, je m'en souviens. C'était peu de temps avant mon « opération de la dernière chance », qui a eu lieu le 27 avril 1987.

Le cardinal Decourtray est venu. Pour nous c'était extraordinaire ! La cérémonie, bien préparée, était belle. Un autel avait été dressé dans la cour du CEM. Quelques membres du personnel participaient. Le beau temps était au rendez-vous. Papa et maman étaient là, mes grands-parents également. J'étais émue et très heureuse. Ma grand-mère paternelle débordait de joie. Pour elle, tout ce qui touche à la foi a une immense importance. Le cardinal s'est montré proche de chacun et très simple. Je peux dire que j'ai reçu la confirmation en sachant ce que je faisais. C'est une grâce ! Pourtant, je le reconnais, je n'en étais à l'époque qu'aux balbutiements de ma foi. L'une des grâces de la confirmation aura été, pour moi, le besoin de témoigner. Mon cœur s'est ouvert pendant la période de la préparation au sacrement. Pour être plus précise, je me souviens que grâce à certains témoins, j'ai découvert la détresse des pays sous-développés. Quand tu es jeune, tu t'imagines que tout ce qui est dans ton assiette te tombe du ciel ! Ces volontaires qui venaient nous parler connaissaient les problèmes effrayants posés par la faim, par la maladie, par les guerres. Tout cela me touchait profondément. Ça me sortait de mes « petits » problèmes. Mon imagination s'emballait. Ma tête débordait (et déborde encore) de projets. Je voulais partir en Inde ! Rien que ça !... Je voulais aider les autres.

Mon handicap, comme une plaque de fonte portée au rouge, évaporait tous mes rêves, dès qu'ils se heurtaient à la réalité de mon état. Aujourd'hui, je dresse toujours des plans, je cherche à me rendre utile. Être barrée dans mes initiatives par le handicap physique, ça m'énerve ! Voilà ! Tout en disant cela, une question me taraude. « Si j'avais été valide, aurais-je eu autant envie d'aider les autres ? » Tu vois, je suis trop compliquée et, comme beaucoup, je vis des contradictions. Heureusement, mon intuition me disait de poursuivre mon chemin dans la confiance en l'Église. J'avais à apprendre, d'autant plus qu'une nouvelle série d'épreuves m'attendait.

Après ma confirmation, il s'est avéré peu à peu, malgré tous mes efforts, que mes progrès en motricité seraient minimes. Ils ne justifieraient plus le déploiement important de moyens mis en œuvre par le CEM. J'étais sortie vivante de l'hôpital, après trois mois de soins très attentifs. L'« opération de la dernière chance » du 27 avril 1987 avait stoppé ma « dégringolade ». J'étais à peu près redressée et sauvée de l'asphyxie. Je pouvais regarder vers l'avenir. Mais quel avenir ? Je savais qu'à vingt ans il me fallait trouver une solution d'hébergement. La réglementation était claire. Totalement dépendante, j'avais été admise dans un centre d'éducation motrice. À vingt ans, la même réglementation me mettait à la porte. À moi, à ma famille de trouver une solution, un point d'atterrissage. Certes, la loi Croton devait, en 1989, apporter quelques allégements à nos angoisses en autorisant le prolongement du séjour dans l'établissement d'origine jusqu'à ce que soit fixé le nouveau lieu d'hébergement. En réalité le « phénomène humain », comme toujours, modifie sérieusement l'application de la loi. Au CEM, les incidents qui nous avaient opposés (moi et mes parents), à différentes reprises, au personnel médical avaient focalisé sur mon cas quelques personnes. J'étais devenue *persona non grata*. On n'a pas pris trop de gants pour me le signifier. J'entendais : « Ton handicap est trop lourd ! Ta place n'est plus ici ! » Ça me faisait du mal, mais, depuis des années, j'en avais tellement entendu que j'essayais de faire la part des choses, jusqu'au jour où l'on m'a dit clairement en face : « Maintenant, tu dois “dégager” ! » J'ai craqué. Une éducatrice a été assez charitable pour venir me réconforter. Je me posais des tas de questions. Avec patience, elle répondait. Elle a pris son temps. J'ai fini par admettre que mon long séjour à Lyon, au CEM de la fondation Richard, était terminé. Tout un réseau de relations, de soutien allait disparaître. Pour une handicapée totalement dépendante, c'est un univers qui s'écroule. Comment le reconstruire ? Malgré les « éclaircies », je croyais plonger à nouveau dans la tempête. Si j'avais su !

CHAPITRE VI

ENTRE LES RÉCIFS... J'AVANCE
De 1989 à 1990

Oui, mise en demeure de quitter le CEM et de trouver un nouveau lieu d'accueil, j'ai imaginé mon avenir comme une difficile navigation entre des « récifs » inconnus. À quel moment et où la barque va-t-elle couler ? Mes dernières années au CEM de Lyon ont été marquées par cette inquiétude. Là-bas, j'étais surprotégée. Chaque activité, chaque geste, chaque déplacement étaient programmés, minutés, contrôlés. Sans m'en rendre compte, j'ai vécu dans un cocon jusqu'à dix-neuf ans. Je n'avais pas d'autonomie. Cela peut te paraître bizarre, à toi, ami bien portant. Prendre la barre, être son maître, tout le monde en rêve. Mais, au moment de quitter le port, quand tu n'as pas été préparé, tu n'es pas rassuré. À Lyon, chaque sortie était réglementée : créneau horaire, destination, laissez-passer à présenter à la conciergerie. Surveillance serrée : « Nous sommes responsables de toi. » Ce leitmotiv, toujours ressassé, dressait devant moi un énorme iceberg que je n'arrivais pas à contourner. La perte d'initiative te neutralise. Inconsciemment, tu deviens un « assisté ». Tu attends que les autres trouvent une solution à tes problèmes. Il m'a fallu réagir. J'ai hissé ma voile. J'ai commencé à louvoyer à la recherche d'un foyer adapté aux IMC.

Pourquoi un foyer ? Pourquoi ne pas me réfugier dans ma famille ? Mes parents m'auraient accueillie volontiers. Maman me trouvait un peu jeune pour quitter la maison, mon seul point d'attache en dehors du CEM : « Tu es partie à dix ans, reviens un peu à la maison. Tu iras en foyer plus tard ! » Et moi : « Si j'attends, si je m'installe dans un nouveau cocon, le cocon familial, ce sera très difficile d'en sortir. Je n'aurai plus l'énergie nécessaire pour apprendre à me débrouiller seule. » Chez moi, je n'aurais pas été malheureuse. Mes parents sont très bons pour moi. Deux questions restaient en suspens. D'une part, papa et maman travaillaient à l'extérieur. Personne à la maison pendant des heures. D'autre part, depuis ma naissance, j'évoluais dans un cercle réduit : l'école spécialisée, le CEM, les parents, les grands-parents. J'éprouvais le besoin de découvrir la vie de la cité. Je la devinais complexe et variée. Je n'en avais que des échos. J'avais soif de contact.

Pour maman, ma décision a été dure : « Tu es d'une indépendance ! » Papa est plus relaxe : « Pourvu que tu sois heureuse, pour moi c'est le principal ! » Papa m'a toujours suivie de près. Cela me touche. J'ai connu tant de handicapés abandonnés par leur père... Avec le recul, je constate que, ensemble, nous avons fait le bon choix. Mes parents ont été profondément soudés par mes problèmes à répétition, et moi j'ai pris mon envol. Ma navigation allait me faire découvrir de nouvelles terres.

Les péripéties pour trouver un foyer pour les handicapés moteurs n'ont pas manqué. La famille, évidemment, a cherché un établissement proche de Saint-Étienne, notre « petite patrie ». Visite d'un CAT (centre d'aide par le travail). Sur place je constate que les handicapés, en atelier, se servent bien de leurs mains. Moi, je ne peux pas. Par contre leur mental est atteint. Ce n'est pas mon cas. Le directeur me prend à part : « Venez si vous voulez, mais cet environnement ne vous est pas adapté. » Pendant un an, les visites se succèdent. Un parcours du combattant. À chaque fois, il faut éviter un récif. Nous avons vu pas mal d'établissements. En pénétrant dans certaines maisons, nous comprenions très vite que notre seule envie était d'en ressortir : ambiance lugubre, couloirs longs, sombres, sans caractère. Comment vivre là-dedans ? Les bâtiments collectifs sont rarement attrayants. Ils appartiennent à tous et donc à personne. Résultats ? Ils perdent ce détail personnalisé qui traduit une présence attentive. Ils ignorent ce brin de fantaisie qui vient aérer l'ennui de la rigidité administrative, formatée, cadrée, fonctionnelle. À l'issue des visites avec les parents, deux refrains revenaient à tour de rôle : « Votre candidature est enregistrée... mais il n'y a plus de place » ou bien : « Votre candidature n'est pas retenue, votre pathologie est trop lourde... » Ce dernier refrain, dit sur un air archiconnu, me faisait très mal, à chaque fois.

Le handicapé moteur sait que son sort repose, physiquement, à 100 % sur la bonne volonté du bien portant. Lorsqu'il est exclu, au motif d'une pathologie trop lourde, il réalise qu'il est rejeté du monde des humains. L'onde de choc dépasse le plan physique. L'intelligence, la volonté, le cœur se sont mis d'accord pour lui dire : « Non ». C'est ça qui fait mal. Quelques « bons apôtres » n'oubliaient pas, pour masquer leur refus, de souligner l'apparente inutilité de notre démarche : « Vous avez de la famille, vous n'êtes pas à la rue... »

Dans toutes les démarches, à chaque rendez-vous, mes parents étaient là. Bénis soient-ils ! Seule, je n'y serais jamais arrivée. Les démarches, ça forge le caractère. Il faut de l'obstination. Moi qui souhaitais sortir de mon cocon, j'ai vite compris que j'avais beaucoup de choses à découvrir, beaucoup de récifs à contourner. Chaque fois que nous frappions à une porte je nourrissais les mêmes illusions. Habituée au cercle organisé et très personnalisé du monde médical et des centres spécialisés, je m'attendais à voir ma demande susciter un réel intérêt. En vérité, chacun faisait son travail correctement. Mais je sentais que personne n'y mettait son cœur. J'ai fini par me dire : « Si tu attends que les autres s'occupent de toi, tu peux attendre longtemps, à part les parents, tout le monde s'en fout. » À travers ces constats multipliés, j'ai eu la démonstration du rôle irremplaçable de la famille. Lorsque les parents s'y mettent, l'efficacité est au rendez-vous. Lorsque la famille vous abandonne, vous n'êtes qu'une pauvre nacelle, ballottée par les courants, et la souffrance est au rendez-vous. C'est ce que l'expérience m'a enseigné dans le monde un peu à part où je vis.

La dépendance engendre une psychologie particulière. L'observation et l'attention se font aiguës. Le moindre détail enclenche une série de réflexions. Tout un cinéma se déroule. En reprenant la route, après chaque visite d'établissement, nous savions qu'un courrier nous rejoindrait, peut-être... La boîte aux lettres prenait soudain une dimension inattendue. De retour au CEM, tous les jours, je visitais ma tablette de courrier : « Ai-je une réponse ? » Nous avions sollicité une série de directeurs. Les maisons pour handicapés moteurs sont rares. Aussi, nous espérions un arrangement, une adaptation de la part d'un établissement relevant de la COTOREP. Mais la tablette restait vide. J'avais l'impression que mon avenir, comme la tablette, resterait vide, sans objet. Pendant les congés, à la maison, j'en pleurais : « Maman, que vais-je devenir ? » Pourtant je n'étais pas abandonnée. La Providence veillait. Tandis que nous guettions la réponse de la part de l'un des établissements visités, la solution se mettait en place. À Roanne, un foyer pour handicapés moteurs venait de s'ouvrir le 16 août 1989. Une personne du Conseil général pensait à moi. Mon dossier, qui s'étouffait dans la pile des affaires courantes, a pris l'ascenseur. Il s'est dirigé vers la COTOREP. Avis favorable. Retour au Conseil général... et là... silence. Les mois ont passé. Les coups de téléphone tombaient dans le vide : « Tu n'as pas de réponse ? Pas étonnant, personne ne voudra de toi ! Tu as un handicap trop lourd ! » Bien que je sache de qui me venait ce genre de méchanceté, je me sentais partir à la dérive...

Enfin, ô jour bienheureux ! Un courrier est arrivé à la maison. Je n'arrivais pas à y croire. Les parents m'ont téléphoné : « Ça y est, ta demande de prise en charge est acceptée, nous pouvons prendre contact avec le foyer ADEP de Roanne. » Je ne connaissais ni Roanne ni le foyer. Nous avons débarqué, moi et mes parents, pour découvrir mon futur cadre de vie. Le style de l'accueil nous a mis en confiance. Deux années de démarche débouchaient enfin. Une aide-soignante nous a pilotés à travers l'établissement. Elle nous a ouvert toutes les portes, de la cuisine au studio en passant par l'infirmerie. Nous avons été conquis. Lorsque le directeur nous a reçus, nous étions d'accord pour toute proposition. Une surprise nous attendait. La porte s'ouvre. Derrière le bureau je vois un homme en fauteuil roulant. C'était Alain Lefranc, un homme exceptionnel, un homme comme on n'en rencontre qu'une fois dans toute sa vie. Mon père pousse mon fauteuil près du bureau. Je regarde ce directeur handicapé moteur, comme moi. Avant qu'il n'ouvre la bouche, le courant est passé. Son regard traduit une forte personnalité en même temps que la sympathie de celui qui a beaucoup souffert, de celui qui vous est lié par une communauté de destin. Sa voix est ferme, avec une teinte de douceur.

« Vous avez visité la maison. Ça vous convient ? Vous savez, la liste d'attente est longue. Si vous voulez, je prends Chrystelle en chambre temporaire en attendant qu'un studio se libère. »

Mes parents et moi, d'une seule voix : « Ah oui ! oui ! trois fois oui ! »

Je sens que l'humain a pris le pas sur la rigidité administrative. Le spectre des attentes, des réponses aléatoires par courrier s'est évanoui. Le rapport devient franc. Je suis libéré de la perspective du séjour en dortoir. Ces dortoirs existent encore dans pas mal d'établissements.

« Vous aurez un studio rapidement, le séjour en chambre ne sera pas long.

– Y aura-t-il une période d'essai ? demande mon père.

– Non, je prends Chrystelle, sans problème ! »

Visiblement ce directeur s'est renseigné. Il connaît mon dossier. De mon côté, je l'observe. Je repère sur le bureau un téléphone à mains libres. Ses bras portent des attelles. Ces attelles de cuir fixées aux poignets soutiennent des tiges de ferraille. Avec elles il peut attraper le téléphone, appuyer sur les touches d'un ordinateur, manœuvrer son fauteuil, grâce aux ergots soudés sur les roues. Payée pour le savoir, je devine les combats de cet homme. Ses réactions me toucheront. Il décroche le téléphone. Il appelle sa secrétaire. Elle rentre. « Mademoiselle, prenez la rose qui est là, sur mon bureau et donnez-la à Chrystelle ! Chrystelle, prenez cette rose en souvenir de votre passage. Vous allez revenir bientôt ! » Son geste me bouleverse. Je me mets à pleurer.

« Pourquoi pleurez-vous ?

– Ça me change tellement du CEM, je ne pensais jamais trouver un pareil accueil.

– Ici c'est comme ça ! S'il y a un problème, je serai toujours là pour vous aider ! »

Aujourd'hui encore j'entends cette phrase restée gravée dans ma mémoire. Je ne serai pas déçue. Je souhaitais trouver un foyer où je pourrais avancer vers plus de liberté. En quelques phrases le directeur a répondu. Il a rappelé le règlement intérieur. En dehors des repas et des obligations liées à mon état, j'ai compris que j'allais connaître une large plage d'autonomie. Je pourrais recevoir des visites, aller et venir comme si j'étais à l'hôtel, partir en vacance trente-cinq jours par an, m'organiser personnellement. Ce contrat me convenait tout à fait, bien que je me sente un peu perdue devant la nouveauté qui s'ouvrait à moi. Depuis dix-neuf ans je vivais dans un cadre si serré et si pointilleux.

Je suis rentrée au foyer ADEP de Roanne, au 17 de la rue Raoul-Follereau, le 3 avril 1990. Les débuts ont été difficiles. Pour la première fois de ma vie, je sortais en ville avec mon fauteuil électrique. Tel le bébé qui avance avec hésitation, j'ai dû vaincre ma peur. Tel le bébé, j'ai été assistée pendant un bon moment. Les animateurs m'ont appris les règles de la circulation, les dangers à éviter, les passages privilégiés, adaptés aux handicapés. J'ai mis au point la solution de rechange devant les obstacles. Tu t'engages sur le trottoir. Tout va bien. Au bout de quelques dizaines de mètres, tu te trouves devant une voiture, qui fait sa sieste sur le trottoir. Terminus ! Que faire ? Allez, demi-tour. C'est simple, en apparence. En réalité, je vois mal, j'ai de la difficulté pour fixer les repères et tracer mon chemin. Le demi-tour me trouble. Pendant un moment je suis perdue. Je dois reconstruire dans ma tête un nouveau circuit. Une autre fois, c'est une poubelle qui me nargue en me laissant un passage si étroit que j'ai peur de verser sur la chaussée, ou bien elle me barre carrément la route. Le portable est un sauveur. Sur appel, la police est venue plusieurs fois à mon secours. Abandonner le trottoir pour utiliser la chaussée, c'est une solution efficace mais dangereuse. J'ai eu la peur de ma vie en voyant un chauffeur distrait foncer sur moi pour s'arrêter, tous pneus hurlants, à quelques centimètres de mon chariot. Ce n'était pas mon heure. Un autre jour, une conductrice, sans doute irritée et dérangée par ce fauteuil circulant sur la chaussée, s'est arrêtée pour m'agonir de sottises. Devant ce déluge, je devais faire une drôle de tête ! Des automobilistes compatissants sont venus calmer cette brave dame... Voilà quelques exemples des incidents qui nous guettent. Il y en a d'autres !

Sur mon boîtier de commandes, il y a cinq vitesses. Si, en première tu avances comme un escargot, par contre, en cinquième, tu fonces. Pour compliquer la manœuvre, le boîtier est monté sur pivot. Cette mobilité permet de ramener le boîtier avant sur le côté, libérant un espace suffisant pour engager les jambes sous une table. Me trouvant en salle d'activités, au foyer, je m'installe à une table. Pour introduire mes jambes sous le plateau, je ramène le boîtier mobile vers moi, sur le côté. C'est commode, mais il y a un inconvénient : les commandes sont inversées. Ce n'est pas le moment de se tromper. Évidemment, je me trompe. Le fauteuil s'engage trop vite sous la table. De plus, le plateau est trop élevé (l'inconvénient a été corrigé depuis), il ne bloque pas ma course. Le boîtier s'engage avec le fauteuil sous le plateau. La manette se coince en position de marche. Je ne peux rien faire. Le moteur s'emballe et me plaque contre le rebord de la table. Ma poitrine est fortement comprimée. La table, scellée, ne bouge pas. Le fauteuil s'engage toujours plus sous le plateau. Il bascule sur l'arrière et me voilà partie ! J'ai très peur ! J'appelle : « Sylviane, au secours ! » Sylviane, l'animatrice, vient me ramasser. Encore un « récif » repéré sur le long chemin vers l'autonomie ! Et ce n'est pas fini ! Mon fauteuil électrique fait corps avec moi. Il a ses faiblesses. Voilà que, me promenant en ville, un pneu arrière crève (les pneus avant sont pleins). Que faire ? Je suis sur trois roues. Le chariot obéit mal. Déséquilibrée, je pars de travers. Je joue de la manette pour reprendre, à tout moment, la direction. C'est épuisant et dangereux. J'ai peur des à-coups, des heurts avec les passants, avec les objets, les véhicules. Je sentais mon fauteuil prêt à verser. Alors tu as deux solutions. Ou bien tu tombes sur des promeneurs compatissants (ça m'est arrivé !) et ils vont pousser mon fauteuil jusqu'au foyer. Ils ont du mérite. Le chariot est très lourd et le moteur électrique résiste à la poussée. Ou bien tu sors ton portable. J'appelle le foyer. « Allo ! Vous avez une roue en réserve ? oui ? OK. Non ? Alors, appelez Roanne médical service ! C'est encore l'heure ? Bon ! Ce n'est plus l'heure ? Alors on appellera demain... mais moi, je suis en panne sur le trottoir ! Il faut venir me chercher ! » Tu attends. Les gens te regardent avec curiosité. Certains s'arrêtent. On cause. Finalement, un agent du foyer arrive avec le manuel. On embarque le total et... à la prochaine ! Se repérer reste pour moi un problème. J'ai poursuivi une formation adaptée, pendant des mois, pour imprimer dans ma mémoire quelques circuits. Je peux aller, seule, jusqu'à la gare prendre mes billets de train. J'ai mémorisé quelques magasins. J'ai appris à faire mes courses, mes comptes, à gérer mon porte-monnaie. Le personnel du foyer m'a beaucoup aidée, je lui dois un grand merci.

Il y a un domaine qui échappe aux conseils techniques, à la façon de se guider, de s'organiser, c'est le « jardin secret » où sont enfouis les souvenirs, les habitudes, les réactions profondes qui remontent à la surface, sans prévenir. Tout être humain est sensible au regard des autres, à sa réputation. Qu'est-ce que tu penses de moi ? Le handicapé, plus il découvre ses limites, plus il se sent dépendant, plus il est sensible au regard posé sur lui. Pour lui, sortir, fréquenter les lieux publics, c'est forcer le barrage. Le terrible barrage du regard des autres. Pendant des années, en institution spécialisée, j'avais tellement été humiliée par certains agents, qui étaient pourtant payés pour m'aider, que mon caractère en a été blessé. Par tous les moyens, y compris une certaine agressivité, je voulais prouver que j'étais une personne. J'ai eu du mal à me guérir de certains réflexes d'autodéfense. Un jour, avec une amie valide, je me promenais dans la rue piétonne, à Roanne. Après avoir dîné au McDonald's, nous faisions du lèche-vitrines. J'ai senti un regard peser sur moi. En tournant la tête j'ai remarqué une dame, plantée à côté de moi, les yeux écarquillés, un peu effarés, comme si elle découvrait un monstre. Ulcérée par ce regard dénué d'admiration, j'ai décoché ma flèche : « Vous voulez ma photo ? » Décontenancée, cette dame a tourné les talons. Elle a fait quelques pas. Elle est revenue vers moi : « Oui, je veux bien votre photo ! » Je ne m'attendais pas à cette contre-attaque ! J'étais prise à mon piège. Mon système de protection fonctionnait mal. D'un ton désagréable, je me suis dégagée : « Je n'ai pas de photo sur moi ! » Sans aménité, on se sépare. Incident clos. Mon accompagnatrice était médusée. Nous avons commenté l'incident. À l'époque, j'étais contente de moi. Là aussi j'ai fait mon apprentissage dans le domaine des relations publiques. J'ai réalisé, dans la multiplicité des contacts avec toutes sortes de gens, combien Saint-Exupéry avait raison. *Le Petit Prince*, quelle merveille ! Oui ! « L'essentiel est invisible pour les yeux. » Au lieu de nous mordre, nous avons besoin de nous apprivoiser mutuellement. Maintenant, c'est ce que je m'efforce de vivre. Seigneur, Tu me ramènes de loin ! Combien de fois je répéterai cela...

Ma découverte de la vie de la cité provoquait constamment des mises au point. Tout apprendre, ce n'est pas évident. C'est une rude expérience. Toute seule, je ne m'en serais pas sortie. Maintenant, si on me demandait de faire machine arrière, de reprendre une vie totalement assistée, comme celle que j'ai connue pendant vingt ans, je refuserais. Grâce à Dieu, j'organise mes journées, j'ai des projets, je vis... Ce progrès je le dois au personnel du foyer ADEP, mais aussi, en grande partie, à Alain Lefranc, le directeur du foyer. Je l'ai déjà dit, je le répète, ce directeur était un homme exceptionnel. Il a écrit son histoire. J'ai lu son livre (au moins quatre fois), *Le courage de vivre*, publié aux Éditions du Cerf en 1975, il y a plus de trente ans. Si tu découvres son parcours, à ton tour, tu comprendras pourquoi j'ai trouvé auprès de lui un soutien très puissant pour dominer mon handicap. C'était un homme cultivé. Il avait une âme noble. Il a écrit « pour que tout homme qui n'a pas été frappé prenne mieux conscience de ses privilèges, jouisse plus amplement de son bonheur, et ne condamne plus, avec trop de rapidité » (p. 9). Il pensait aux autres, aux bien portants. Et aux 1 800 000 handicapés physiques. Moi, je suis handicapée physique de naissance. Dès le départ, j'étais habitée par le doute sur mes capacités. Lui, sa vie avait été brisée à dix-neuf ans, en pleine jeunesse. Il a décrit avec précision ce moment terrible : « Je demeurais quelques instants en équilibre sur le bord avancé de la barque, prêt à plonger... Et puis, un choc violent à la tête ; je ne perdis pas connaissance mais le monde semblait s'effriter autour de moi. J'étais immobile sous l'eau, la face contre le sable. Ni mes membres inférieurs, ni mes membres supérieurs ne répondaient aux ordres que je leur donnais. Immobile ! Une vive douleur me traversait la nuque, brûlante, pendant que les pensées se bousculaient dans mon esprit : mes parents, mon frère, mon immobilité, la vie, la mort. Je ne pouvais pas retenir très longtemps ma respiration... On ne construit rien en une seconde, cependant cela suffit pour faire d'un enfant une victime, pour transformer la joie en tristesse, la vie en tombeau... Enfin, deux de mes camarades me tirèrent sur la plage » (p. 13). Après être devenu tétraplégique, des années de combat ont transformé son regard sur lui-même et sur les autres. À l'hôpital, au moment des toilettes, il connaît l'humiliation, c'est la croix des handicapés. Mais il découvre en même temps des valeurs qu'il ignorait, les petits détails qui transforment la vie. « Danielle (une infirmière) accomplissait une tâche d'horlogerie, en essayant de diminuer les peines ici et là, selon ses moyens, par quelques services gratuits, quelque part en apparence sans importance, mais qui pour le malade sont des caresses au cœur... Presque rien... mais un presque rien incommensurable » (p. 52). Au contact des autres accidentés et malades (dont certains incurables) il découvre le dynamisme inscrit dans toute vie. Il rencontre Mme Dronant, une cancéreuse. « Mme Dronant continuait de parler, de m'encourager [...] Rien [...] ne montrait plus l'épreuve qu'elle avait subie, ni la condamnation qui restait inscrite en elle [...] Tout le monde trompait tout le monde ! [...] J'aurais dû mieux comprendre alors [...] que l'on ne détruit pas facilement l'espoir, que c'est une plante qui meurt à chaque orage, mais qui renaît avec autant de force à chaque éclaircie » (p. 81). Pour lui, l'« éclaircie » sera le départ dans un centre de rééducation à Bruxelles. Là-bas, il est rebuté par le spectacle des multiples fauteuils roulants : « Jamais je n'accepterai de m'asseoir dans un fauteuil roulant, jamais, jamais... » (p. 114). Très vite il s'adapte et voit où est son intérêt : « Ainsi j'avais glissé sans bien me rendre compte de la haine des fauteuils roulants à l'attente de pouvoir m'asseoir dans l'un d'eux, de pouvoir travailler à ma rééducation, puis au souhait que ce jour vienne vite... » (p. 114). Les escarres guéries, les changements de position retrouvés avec le *standing bed*, Alain a entamé sur son fauteuil sa rééducation à « pas de fourmi » selon son expression. Quelle volonté ! « Ce jour-là, je parvins à taper deux lignes et demie sur une machine à écrire électrique ; deux lignes et demie maculées de fautes de frappe... à peine lisibles... » (p. 126). Au foyer, c'est le même Alain qui, maniant avec aisance son ordinateur, m'ouvrira les portes de l'informatique. « Chaque jour j'avais augmenté d'une ou deux dizaines de minutes le temps où je pouvais rester assis, pour atteindre les cinq heures à présent » (p. 127). Il arrivera à vivre, comme beaucoup, de longues journées de travail. Manier le fauteuil roulant, retrouver un peu d'indépendance, c'était son objectif comme pour chacun de nous. Il y est parvenu, mais à quel prix ! « Entre les séances de kinésithérapie et d'ergothérapie, dans le long couloir j'essayais de me déplacer moi-même : cinquante, soixante, soixante-dix centimètres... des pas de fourmi... » (p. 125). Dans ce combat quotidien, la tentation du néant existe. « Il le reconnaît notamment devant les échecs répétés de rééducation d'une vessie insensible » (p. 127). Le salut viendra de l'espérance qui transforme. Il en arrivera à dire : « Marcher me paraissait secondaire maintenant. En connaissance de cause, chacun n'hésiterait pas dix secondes à sacrifier ses jambes afin de préserver ses membres supérieurs » (p. 131). Pour Alain Lefranc cette espérance s'incarne dans un visage, celui d'un homme en fauteuil roulant, Escoffier, qui a de nouveau revêtu l'habit de chirurgien, Escoffier qui a changé de visage. « Un homme différent qui roule son fauteuil... franchit les portes de la salle d'intervention, il se nettoie largement les mains, il enfile des gants, il commande, il oublie totalement ses jambes paralysées, son fauteuil roulant, les humiliations. Il n'est plus qu'un chirurgien... » (p. 133). Cet exemple a ravivé l'espérance. Alain Lefranc deviendra un directeur. Il y avait tant de similitude entre son parcours et le mien que nous ne pouvions que nous comprendre. Très vite, la confiance s'est établie.

Quand je rentrais dans son bureau pour une formalité, un renseignement, un papier à signer, la conversation s'engageait et durait un bon moment. Il aimait échanger. Il parlait de ses lectures, me demandait mon avis. Il avait une préférence pour les ouvrages de psychologie et pour tout ce qui portait à la réflexion. Un jour, il m'a avoué : « J'ai écrit un livre. J'ai voulu donner mon témoignage sur ce que j'ai découvert à travers mon épreuve. Si ça t'intéresse, je te le donne. » C'est ainsi que j'ai lu et relu *Le courage de vivre* et que j'ai mieux compris le sous-titre *Pourquoi tu marches, toi ?* Il y avait chez cet homme un goût prononcé pour la vérité. Il cherchait à voir clair. Il faut du courage pour se « revoir soi-même entièrement jusqu'à se dire qu'avant on était assez laid moralement, ou pour le moins assez léger, un peu myope ». Ce courage, ce goût de la vérité sur soi-même et sur les autres ont fait naître en moi le désir de donner, moi aussi, mon témoignage. Je lui ai soumis mon projet : « Pensez-vous que je suis capable ? Je ne maîtrise pas bien le français. Je ne pratique pas l'informatique. » Il a balayé mes scrupules : « Demande à tes parents de t'acheter un ordinateur. Je surveillerai la maintenance. Tu suivras à domicile un stage de formation. Je chercherai, s'il le faut, des aides financières. En cas de panne, appelle-moi. Avec mon ordinateur, je t'aiderai. » C'est ainsi que je me suis attelée au traitement de texte. J'étais soutenue. Quand je doutais, il me disait : « Moi, je sais que tu iras loin. » J'essayais d'éclairer ma lanterne : « Et comment cela ? » Avec tout le poids de sa rude expérience, il se contentait de répéter : « Je le sais ! » Il a toujours été présent et attentionné, malgré une apparente rudesse dans les rapports. Notre collaboration a revêtu différentes formes. Étant en fauteuil électrique et lui en manuel, je pouvais aller en ville faire quelques courses pour lui. La simplicité de nos échanges a facilité mes progrès, étalés sur quelques années. En 2000, le travail a été interrompu. Alain Lefranc, victime de sa tétraplégie qui le rendait insensible, a été enlevé par une péritonite non diagnostiquée. À sa messe d'enterrement, j'ai réussi à lire un des textes de la liturgie, mais sa mort m'a laissée désemparée pendant un bon moment. L'ordinateur a été remisé. J'ai pris cette décision sans regret, d'autant plus que ma vue me jouait des tours. Avec la disparition de mon meilleur soutien et l'arrêt de mon activité, je me posais la question : « Qu'est-ce que je vais faire ? Que vais-je devenir ? » Cependant, par rapport au passé, se manifestait un élément nouveau dans ma vie. Alain Lefranc restait présent. J'étais sûre qu'il accompagnerait mes progrès. Tous les jours, je l'avais vu se battre contre son handicap et le dominer. J'étais certaine qu'il interviendrait pour moi. La suite allait me le prouver.

CHAPITRE VII

VERS LE GRAND LARGE...
De 1990 à 2000

Installée au foyer ADEP, à Roanne, le 3 avril 1990, j'ai trouvé, à vingt ans, des débuts de réponse à mes aspirations vers la liberté. Grâce à Alain Lefranc, le directeur du foyer, ma confiance en moi a augmenté. J'ai appris la vie en société, la vie de la cité. Mon imagination me voyait transformée en voilier, voguant joyeusement, l'étrave traçant un ourlet élégant sur une mer devenue calme... La réalité aura été plus prosaïque. Le poids du handicap m'a imposé des combats trop connus depuis ma plus tendre enfance. Partie vers le « grand large », j'ai bien failli sombrer corps et biens. En 1996, une dernière opération m'a sauvée *in extremis*. À peine remise, j'ai été secouée par les remous d'une aventure. Un moment j'ai rêvé d'une vie de couple. Histoire sans issue. Rideau. Puis, ne sachant quelle direction prendre, j'ai laissé un pilote hasardeux prendre la barre de mon esquif. Nouvelle déconvenue. Je me réfugie à Lyon-Gerland, en 1997 six mois d'absence de Roanne. La providence m'attendait là. En 1998, de retour au foyer ADEP, malgré les remous et les nuages, je verrai prendre forme, dans le ciel, l'étoile de ma vie.

Revenons en 1990. Ce n'est qu'à vingt ans que j'ai appris la vie en société, dans la cité. J'ai commencé par m'intégrer dans les activités du foyer ADEP. Les ateliers m'ont attirée. Je me suis initiée à la peinture sur soie, sur verre. J'ai fabriqué des colliers de perles. J'ai touché un peu à la cuisine. Jusqu'au jour où cela m'a lassée. Mes gestes sont lents et maladroits... Ma tête va trop vite. Alors, dès que j'ai pu sortir seule, j'ai fréquenté des expositions, j'ai suivi des conférences. « Connaissance du monde » m'a entraînée dans des pays où tout m'étonnait. Le spectacle des merveilles, des sites inconnus comblait ma curiosité. Dans le même temps, je devinais les souffrances des peuples, des enfants surtout. À l'invitation d'une responsable d'une organisation humanitaire, j'ai parrainé un enfant en Afrique. Pour moi qui ne pouvais réaliser mon désir d'aller en Inde, c'était un bon dérivatif. Mais cela n'a pas duré. Pour deux raisons. Financièrement, je ne suivais pas et, moralement, je n'ai pas pu m'adapter au jeu du courrier à échanger avec mon « filleul ». Pour écrire et raconter à cet enfant ce que je vivais, j'aurais été dans l'obligation de faire appel à une main étrangère. Dicter ce qui habite ton cœur demande confiance et simplicité dans les relations. J'avais appris depuis tant d'années à garder dans le secret les réactions intimes que je me suis sentie incapable d'ouvrir cette boîte de Pandore. Adieu l'Afrique ! Je me suis rabattue sur différentes associations pour essayer de me rendre utile. Au foyer lui-même, le directeur m'a invitée à rejoindre le conseil d'établissement et le Comité Loire (équipe de bonnes volontés soutenant le foyer). Là j'ai découvert la complexité du domaine administratif et la possibilité d'améliorer le quotidien. À l'extérieur, à l'initiative et avec l'appui d'Alain Lefranc, lui-même handicapé moteur, j'ai travaillé avec les services de la mairie de Roanne sur les problèmes d'accessibilité. Avec deux animateurs, nous étions une dizaine à nous réunir. Le débat portait sur les difficultés majeures rencontrées par les handicapés dans leurs déplacements : « trottoirs-bateaux » sans surbaissement, trottoir avec entrée aménagée sans descente prévue à l'autre bout, trottoirs trop étroits, luminaires plantés sur une voie accessible, trottoirs envahis par les voitures, par les terrasses de café, par les panneaux publicitaires, etc. Handicapés moteurs, aveugles, maman avec poussettes, même combat ! C'est pourquoi, pendant un an, nous avons monté un scénario, réalisé un film avec l'aide des bénévoles de notre foyer. Les prises de vue étaient mises dans la « boîte », soit après un montage, soit sur le vif, lorsque nous allions sur place expliquer aux représentants de la mairie ce qui faisait problème. Les services municipaux et la police nous connaissent bien, nous les handicapés, et ils sont très bienveillants.

Dans ma découverte de la vie en société, j'ai tâté deux différentes associations, soit liées au monde de la santé, comme Espoir Santé Harmonie (qui lutte contre le cancer), soit orientées vers l'aide aux personnes en difficulté. Lors d'une foire froide (spécialité de Roanne en décembre), j'ai fait la connaissance, au hasard des stands, d'Amnesty international. J'ai pris les prospectus. Intéressée et accompagnée par une amie, j'ai amorcé une prise de contact. L'affaire a tourné court. Les locaux d'Amnesty étaient inaccessibles. Le comportement et l'esprit de certains nous ont paru bizarres. Nous avons été traitées sans ménagement. Nous avons pris le large.

Parrainage, conseil d'établissement, Comité Loire, collaboration avec la mairie, Amnesty, ces engagements de courte durée balisaient ma route et favorisaient les contacts. Je prenais de l'assurance. Je suivais des cours de français. À l'occasion d'une sortie, je me suis retrouvée dans un cercle de création poétique. Plusieurs personnes ont interprété des poèmes de leur choix. En les écoutant, j'ai senti en moi le désir impérieux de réciter deux textes écrits par une amie de l'APF (Association des paralysés de France) « Toi qui ne marches pas » et « Vivre ». Cette amie avait trouvé les mots qui avaient touché mon cœur. Ces mots étaient gravés dans ma mémoire. Sans peine, j'ai récité les deux poèmes et, à ma grande surprise, j'ai reçu le diplôme de création poétique ! J'aimerais écrire des poèmes. C'est une manière d'exprimer l'inexprimable.

Avancer vers le grand large, construire un espace de liberté, c'était pour moi enrichissant, et surtout instructif. Par exemple, si certains commerçants me faisaient sentir que j'étais de trop, d'autres me réservaient des surprises. Un jour, je vois en vitrine un livre que je désirais depuis longtemps. J'appelle la vendeuse : « Je tiens beaucoup à ce livre, je n'ai pas d'argent sur moi, vous pouvez me le réserver, s'il vous plaît ? » Elle me rassure : « Pas de problème ! » Dix jours après je reçois le livre, offert par la vendeuse ! Je repasse au magasin : « Pourquoi me l'offrir, ce livre, je peux le payer ! » Avec délicatesse, elle s'explique : « L'an dernier, j'ai perdu une amie. Elle était handicapée. Lorsque je vous ai vue, j'ai pensé à elle. Alors j'ai voulu vous faire plaisir ! » Ce geste me touche profondément, je sens une amitié proche : « Venez me voir au foyer ! Nous ferons plus ample connaissance. » La multiplicité des contacts et leur variété ont développé en moi un désir toujours plus grand d'autonomie et d'indépendance. Au bout de cinq ans de vie roannaise, j'ai commencé à souhaiter un appartement aménagé dans un environnement de personnes valides. De plus en plus, je voulais « prendre le large ». Je n'oubliais pas pour autant le poids du handicap.

De 1990 à 1998, mon corps et mon cœur ont été mis à l'épreuve. Aujourd'hui, le kiné et l'ergothérapeute me félicitent : « Tu manies ton fauteuil avec aisance », et moi de protester : « Vous oubliez la période de rodage ! » Au début, il valait mieux ne pas se trouver sur mon passage. Le fauteuil partait dans tous les sens. Imprévisible ! Maintenant, la manette de commande semble être le prolongement direct de mon cerveau. Elle fait partie de mon corps. Je réagis vite. Heureusement, car mes yeux me jouent des tours. En ville, je n'arrive pas à déchiffrer le nom des rues. Je photographie dans ma tête des circuits, après avoir repéré un rond-point, la forme d'un immeuble, un jardin public, etc. Si je m'égare, je multiplie les allers et retours, en me basant sur un point fixe, la grande Poste, par exemple. Je ne fais appel aux passants qu'en tout dernier ressort. Pour moi c'est très important de me tirer d'affaire toute seule. Mes ennemis ce sont les voitures et les poubelles. Quant aux crottes de chien, je les embarque, je les ramène, j'en ai partout, c'est infect. Je ne peux pas nettoyer les roues. J'attends que ce cadeau et ce parfum s'en aillent tout seuls. Je n'y peux rien et pourtant j'ai droit à des regards soupçonneux et désapprobateurs. Souvent je reviens sur ce phénomène. Le regard des autres est une vraie hantise. Nos gestes, notre façon de parler, nos positions sont un défi permanent au bon sens. Ils sont en contradiction avec notre pensée, notre volonté. Notre corps nous trahit. Enfant, j'étais comme j'étais, je ne me posais pas de questions. Je ne pensais qu'à m'amuser, à la moindre occasion. Au moment de plonger dans la vie grouillante de la cité, mes gestes dans leurs incohérences m'ont interpellée et m'interpellent encore. Quand les gens voient mon bras partir sans raison, leur regard inquiet et interrogateur me fait mal. Alors, je travaille constamment sur moi-même. Je pense à cet ami qui souffre de mouvements athétosiques (c'est-à-dire qui partent dans tous les sens). Certains le prennent pour un fou. Il le sait. Il en souffre. Pour moi, au prix d'efforts considérables, je suis arrivée à un résultat honnête. C'est ce qu'affirme le kiné du foyer. Je veux bien le croire, tout en ayant conscience de la nécessité de ne pas lâcher la barre, de surveiller la mer et les vents. J'arrive à manger seule les plats préparés, les mets découpés. Avant, j'en mettais partout. L'horreur ! Maintenant, par prudence, je porte toujours une serviette. J'ai trop peur de me salir. Il paraît que ce n'est pas utile ! Je commence à y croire. J'arrive même à me déshabiller. En partie seulement ! Enlever mon haut c'est comme baisser la grand-voile sur une mer démontée. Pour y arriver, j'ai bataillé pendant des mois. Que d'échecs, que de gestes sans résultat ! Le soir je fermais ma porte. Je m'examinais : « Pourquoi je n'arrive pas à enlever ce chandail ? » Je pleurais à chaudes larmes. « Pourquoi cette épreuve tombe sur moi ? » J'en avais marre, vraiment marre... et le lendemain, je recommençais... J'y suis arrivée. Maintenant, mon avancée vers le « grand large » se traduit par une indépendance, réduite mais réelle. Elle se réalise dans des petits gestes. Toi, ces petits gestes tu les exécutes facilement et inconsciemment. Moi, je dois mobiliser toute mon attention, toute mon énergie. Je n'ai pas droit à l'erreur. Pour ma toilette : suis-je bien placée devant le lavabo ? Oui ? Alors je peux me brosser les dents, seule. Revenue devant le lit : a-t-on déposé dans le bon sens ma chemise de nuit ? Oui ? Alors je peux l'enfiler... Idem pour le pull dans la journée... Louvoyant dans les magasins, je cherche les vêtements qui « habillent bien », tout en étant assez larges, assez souples et surtout sans bouton ! Le maître mot pour nous, c'est la patience ! Pour moi, le temps ne compte plus. Je ne vis pas avec la montre sous les yeux. Le faire, pour moi, ce serait perdu d'avance. Je navigue au grand large, dans l'immensité de la mer. Il m'aura fallu des années et des années pour acquérir un peu de sagesse et de patience. Pourquoi, peut-on dire, ne pas se faire aider davantage ? Le personnel est disponible. Mais moi, je veux y arriver. Je sais l'énergie que je dois développer, ne serait-ce que pour saisir un verre sur la table. Cette « victoire » m'est nécessaire pour aller plus loin. Par exemple, mon autonomie de déplacement dépend de mon fauteuil, plus précisément de la manette de commande. Ma main gauche (celle qui obéit le mieux) doit se positionner sans erreur et se maintenir sur la manette. Le moteur électrique réagit au quart de seconde. Je n'ai pas intérêt à me tromper ! L'hiver, lors des grands froids, je m'arrête pour frictionner mes doigts. Les gants me sont interdits si je veux sentir la manette. Et si je laisse mes doigts s'engourdir, ma main a des réactions incontrôlables. Danger ! Pour moi et pour les passants ! 100 kg dans les tibias, ça fait mal.

Si j'aspire à l'autonomie, j'en connais les limites. En particulier, le moindre détail doit être réfléchi et prévu. La nuit je suis couchée sur le dos. Depuis toujours je ne connais que ça. Je suis habituée. J'ai intérêt à être bien installée. Telle que posée sur le lit, telle je me réveille le lendemain. Que de détails à contrôler ! Coussin sous la tête, pas au-dessous de la nuque. Coussin sous les genoux pour détendre le bassin. Mousse sous les talons, pour éviter les escarres. Le tout bien positionné, sinon je dors mal. Couchée sur le dos, je ne peux me tourner ni à gauche ni à droite. Mes jambes ne m'obéissent pas. Chaque soir le cordon d'appel est placé près de ma main gauche. La droite n'obéit que très peu et très mal. Le téléphone, monté sur un plateau mobile, est rapproché tout près du lit, à portée de ma main gauche. Si la sonnerie retentit, j'essaie d'attraper le combiné. C'est toujours laborieux. Le correspondant doit entendre des bruits bizarres. Si le combiné m'échappe, il faut du temps pour le rattraper. Que d'efforts pour dire simplement « allo » ! Quant à la lampe de chevet, un système spécial a été installé. L'interrupteur est bloqué entre deux planchettes. Il me suffit de laisser tomber ma main droite (celle qui obéit mal) sur la planchette pour allumer ou éteindre. Pour le handicapé, la dépendance physique le tient en permanence en alerte. « En cas d'urgence, aurai-je une réponse rapide ? Si je sonne pour le bassin, le personnel va-t-il arriver à temps ? Le personnel est parti, il court partout... Quand va-t-il me libérer ? » Et ce n'est qu'un exemple. Notre dépendance crée en nous un état d'esprit particulier, un état qui se complique au contact des bien portants. Le handicapé fait peur. Sans doute parce que beaucoup se réfèrent à des handicaps très lourds. J'ai connu une fille qui hurlait toute la journée. Elle criait, tapait, c'était abominable. Les voisins se sont plaints. Ses parents ont tout fait pour la soigner. Ils ont dû se résoudre à l'enfermer. Ils ne la sortaient plus. Ils disaient à mes parents : « Vous avez de la chance, votre fille raisonne... » Ces gens-là sont malheureux. Devant la réprobation qui les entoure, ils ont honte. Au fond, beaucoup ont peur des handicapés. En questionnant des connaissances enfin « apprivoisées », je leur ai demandé : « Pourquoi aviez-vous peur de parler avec moi ? » Réponse : « Parce qu'on avait peur d'attraper ton mal ! » Cette peur, au fond, naissait d'une volonté de conjurer le mauvais sort. Même dans notre société dite libérée, la superstition garde son influence. Devant le malheur, les gens se sauvent. L'échec fait le vide. Après des années, certains m'ont avoué : « Quand on t'a vue la première fois, tu nous as fait peur ! On n'osait pas te parler. On n'osait pas te serrer la main ! » Beaucoup d'handicapés s'imaginent qu'ils ne valent plus rien. Après un accident, après une xième opération, la tête ou les réflexions des visiteurs provoquent des chocs meurtriers. Bien des fois, à l'hôpital, au fond de mon lit, je me suis demandé si ça valait la peine de vivre. Si aujourd'hui je suis heureuse de vivre, c'est sans doute parce que les « vents contraires », les tempêtes intérieures ont provoqué chez moi des réactions salutaires. Les agressions verbales des bien portants ont permis de cerner ce que j'avais de plus précieux. Je suis une personne. Je ne suis pas un « fauteuil roulant ». Je suis aimée de Dieu. Je ne suis pas d'abord une assistée. Aux yeux de Dieu, je suis unique, comme tout un chacun. Oui, par moments j'étais effondrée. Je voulais lâcher la barre. Lorsqu'un parent est venu me dire : « Toi, tu n'as pas de souci, on s'occupe de toi... » j'ai réagi : « Vous voulez ma place ? » Bêtement, l'autre insistait : « Oui mais tu ne vas pas "bosser", tu es tranquille... » Piquée au vif, je me défendais : « Prenez ma place pendant deux jours et vous verrez !... » Il y a eu « mieux » dans les réflexions. Un jour, alors que maman vidait son cœur, en évoquant les problèmes posés par mon handicap, un proche a cru bon de souligner : « Il aurait mieux valu qu'elle ne naisse pas. Au temps d'Hitler, elle ne serait plus là ! » J'ai encaissé. Maman est partie pleurer. J'ai compris que, dans notre monde très matérialiste et égoïste, chacun est sûr de soi et prétend avoir la solution à tout problème. Or, je sais que, par moments, il n'y a pas de solution « à ta botte ». Tu dois t'abandonner entre les mains des autres : les médecins, les personnels de santé, les organismes sociaux. Tu découvres « charnellement » le rôle irremplaçable (humainement parlant) des parents. Tu comprends aussi que tu dois compter sur toi-même pour « gagner le large ». La volonté t'aiguillonne pour « appareiller ». En juin 1993, j'ai pris une décision. Ce fut une petite « révolution ». Je suis allée à la gare de Roanne. Au guichet j'ai demandé un billet en indiquant date et destination. Tête du contrôleur ! Je venais de lui demander la lune. Un vrai sketch... « Je ne peux pas voyager en dehors de mon fauteuil roulant. Il faut le prévoir avec moi. » L'administratif retrouve un peu d'assurance : « Avez-vous une carte d'invalidité ? » Et moi : « Pourquoi ? Ça ne se voit pas ? » Et lui : « Si, ça se voit, mais il me faut une preuve de l'ouverture des droits. » On discute. L'agent découvre que mon embarquement va entraîner quelques formalités. Il cherche à esquiver : « Non, non, ce n'est pas possible.

Nous ne pouvons pas assurer votre transport. » Finalement, j'ai eu gain de cause. Voyage sans problème. Et depuis, je suis bien accueillie à la gare. J'en ai profité. L'été je rejoins mes parents, à la plage, dans le Languedoc. Je téléphone : « Maman, j'ai pris mes billets, j'arrive tel jour, telle heure. » Maman est ravie. Papa me récupère à la gare de Montpellier. Je reste quatre ou cinq jours. Ça me suffit, et c'est très bon, j'ai retrouvé mes parents, le soleil, la mer... Vraiment, depuis mon arrivée au foyer ADEP, je suis partie vers le « grand large », à la conquête d'un minimum d'autonomie, malgré mon handicap. À moi la liberté ! Du moins je le croyais.

En 1996, coup d'arrêt brutal ! J'ai failli sombrer corps et biens. La charpente métallique qui soutenait ma colonne depuis 1987 a provoqué une infection. J'avais très mal. Je ne dormais plus. La cicatrice au bas de ma colonne n'était pas belle. On me disait : « C'est normal. » Les soins prodigués s'avéraient sans effet. Douleurs, fièvre... Enfin, un rendez-vous est pris au centre des Massues à Lyon. Le chirurgien m'examine. Son visage change de couleur. « Tu sais que tu es passée tout près de la septicémie ? Je te garde. » En 1987, j'avais subi l'opération de la dernière chance. Je me sentais délivrée. Des projets plein la tête. Et voilà que le naufrage menaçait. Vraiment, c'était la totale ! Je me répétais : « Vas-tu sombrer au moment où tu rentres dans la vie active ? » Grâce à Dieu, le chirurgien, tel un remorqueur de sauvetage est venu me remettre à flot. Il a procédé à l'ablation du matériel d'ostéosynthèse du rachis, responsable des infections chroniques avec abcès. Seule est restée la plaque fixant le bas de ma colonne au bassin. Septembre 1996 : c'est mon dernier passage sur le billard.

Vingt-six années de souffrances, d'interventions... C'est long, c'est trop long. J'avoue que j'avais mon compte. J'étais en vie. La souffrance en continu s'estompait. Je me disais : « Miracle ! » J'ai adhéré à la conclusion du chirurgien. Après contrôle, il m'a dit : « Écoute, on arrête, moi je ne te touche plus, toi, tu te connais. Si quelque chose ne va pas, tu m'appelles. » Nous en sommes restés là. J'ai dit ouf. Les premiers temps, début 1997, j'ai eu du mal à y croire. Je me disais : « Dans quinze jours, ils vont te rappeler. » Ça me paraissait trop beau, tellement étrange. J'avais l'impression de connaître une autre vie. Délivré des hôpitaux, des maisons spécialisées, mon regard se tournait, cette fois pour de bon, vers le grand large. J'acceptais mon état. Certes, même si le désir de marcher m'habite toujours, j'ai préféré naviguer sur mon fauteuil avec ce que le Seigneur m'a accordé. J'ai trop souffert pour me lancer dans une série d'opérations de « reconstruction », au résultat aléatoire. Je crois à la résurrection des morts. Le jour où Dieu me donnera un corps glorieux, je danserai sans fin, perdue dans la joie de la vision béatifique.

Devant l'ampleur des obstacles à franchir, j'ai renoncé à la position debout, à la marche. Je n'ai pas renoncé à lutter contre les contractures. Elles sont les ennemis des IMC. Jusqu'en 1997, je ne pouvais pas négliger les séances de kiné. Au bout d'une semaine sans kiné, je devenais raide. Les contractures envahissaient mon corps de la tête aux pieds. Un martyre ! Inconsciemment, mon corps se tenait en alerte. Quand le téléphone sonnait, tout mon corps protestait. Au moindre bruit, j'avais l'impression qu'on m'enfonçait des aiguilles dans la peau. Je demandais aux habitués de ne pas frapper à la porte avant d'entrer. Lorsque je parlais, ma tête partait en arrière en hyper-extension, mes jambes se raidissaient, mes bras s'agitaient d'une façon convulsive et saccadée. Sans le vouloir, je donnais des coups au personnel qui m'habillait. J'avais affaire, heureusement, à des professionnels compréhensifs. Cette agressivité involontaire m'humiliait. Je mobilisais mon attention, mon énergie. Le résultat était pitoyable. J'ai persévéré. Avec le temps, la détente est venue. Je vois encore le kiné, de temps à autre, pour préserver les acquis et progresser davantage. Je ne souffre plus. Quelle délivrance ! Oui, je me sentais délivrée. Ma vie n'était plus en danger. La souffrance permanente était évacuée. Mon regard sur la vie s'éclairait. À vingt-six ans, je me suis mise à rêver d'une vie de couple. Le mariage, pourquoi pas ? Mais avec qui ? Et quel genre de mariage ? J'ai noué une série de contacts. Ils se sont dénoués, aussi rapidement qu'ils avaient été amorcés. Ces rapprochements ne menaient à rien. Sans le traduire en mots, j'avais soif de beau, de vrai, de bon. J'avais soif de résonances en profondeur. Le superficiel bloquait tous mes élans. Je me repliais sur moi-même. Les rapports d'amitié entre copains me suffisaient. J'annonçais la couleur et chacun en restait là. Jusqu'au jour où j'ai rencontré un homme qui partait à la dérive. Fauché en pleine jeunesse par une grave opération, il avait perdu sur tous les tableaux. Ce handicapé de fraîche date, profondément traumatisé, cherchait à s'appuyer sur quelqu'un. Son désarroi, j'étais bien placée pour le comprendre et le partager. Mon désir d'aider les autres trouvait là une réponse. Réponse facilitée par ma soif de savoir. Cet homme était cultivé. En l'écoutant, j'apprenais beaucoup. Très vite, des atomes crochus se sont manifestés. C'était un plaisir de le retrouver. Lui voyait déjà loin. Moi, j'étais mal à l'aise. Je ne souhaitais pas dépasser les limites d'une relation d'amitié. Je ne savais pas comment me situer.

C'est alors qu'une aventure bizarre (aujourd'hui je dirais providentielle) a changé le cours de ma destinée. En sortant de l'hôpital, après ma dernière opération en 1996, j'étais fragilisée. Je voulais vivre et donner un sens à ma vie. Sans guide solide dans le domaine spirituel, lorsque tu es en recherche et disponible, c'est à ce moment-là que tu deviens une proie potentielle. J'ai fait la connaissance d'une femme très dévouée aux handicapés. Une amitié est née entre nous. Nous partagions les mêmes convictions. Un jour, ce fut le « choc », virage à 90°. J'apprends qu'elle cherche ailleurs que dans l'Église catholique. Je me suis sentie en danger. Pour échapper à son zèle agressif et envahissant, j'ai décidé de quitter Roanne, au moins pour quelque temps.

C'est ainsi que, fin septembre 1997, je me suis retrouvée au foyer de Gerland, à Lyon, pour mon malheur et pour mon bonheur. J'avais connu Gerland lors de séjours de vacances. Je m'y étais plu. Par contre, vouloir m'y installer pour l'année ne s'est pas révélé une heureuse initiative. À mes dépens, j'ai constaté des dangers d'aggravation de mon handicap. Étant toujours assise, il y avait un problème de transit à régler. On me conseillait de me faire appareiller. Une poche à urine et une poche à « matières » régleraient tous les problèmes, disait-on. Habituée à m'ausculter moi-même, je savais que faire appel à des moyens artificiels, c'était me condamner à une dépendance encore plus lourde. Je sentais que je pouvais parvenir à une certaine régulation de ces fonctions vitales. Il fallait seulement faire preuve de patience et observer les cycles naturels d'évacuation. J'ai refusé la solution des poches et tout son cortège d'inconvénients physiques et moraux. L'accepter c'eût été accepter l'enfermement et l'isolement. Avec l'appui de mes parents, j'ai tenu bon dans ma position. L'avenir m'a donné raison. Mais cela ne m'a pas fait que des amis. Là était mon malheur.

Mon bonheur à Gerland est venu d'une rencontre. Le jour de mon arrivée à Lyon, j'ai fait la connaissance d'une jeune fille handicapée, comme moi. Dans sa conversation, au fil des jours, j'ai senti chez elle une vraie recherche spirituelle. Ses paroles éveillaient en moi des échos profonds. Un jour, elle me propose : « Est-ce que cela te ferait plaisir d'aller au monastère de l'Adoration ? » Sans hésiter, j'adhère : « Si cela est possible, il faut que j'y aille. » Devant le Saint Sacrement, une lumière s'est allumée en moi. Un appel que je ne savais pas identifier. C'est là que j'ai connu un prêtre. Nous avons parlé. Lorsqu'il a été affecté à Roanne il m'a laissé ses coordonnées. J'avais enfin trouvé un accompagnateur spirituel. Au bout de six mois à Lyon, j'ai demandé et obtenu ma réintégration au foyer ADEP de Roanne. Je n'étais pas au bout de mes peines, mais la main du Seigneur ne m'abandonnait pas.

Début 1998, j'étais donc de nouveau roannaise. Je retrouvais en même temps cet ami qui pensait mariage. Ma famille soutenait le projet. La pression s'intensifiait. Le prétendant insistait : « As-tu pris une décision ? Qu'est-ce qui ne va pas ? » Je ne voyais pas clair en moi. Je ne savais que répondre. J'étais perdue entre cet homme épris et ma famille qui insistait en sa faveur. J'ai fini par avouer que je souhaitais autre chose. Cela a fait des étincelles. Comment sortir de cette impasse ? Mon accompagnateur spirituel m'a aidée à décrypter les signaux qui avaient jalonné ma route. Il a conclu : « Tu ne veux pas d'une vie en couple. Tu acceptes une vie d'amitié, chacun chez soi, alors tu dois parler à cet homme. » Et il m'a tendu la perche : « Amène-le, on parlera à trois. Tu lui diras tes raisons. Il vaut mieux être clair. » La mise au point a eu lieu. Elle m'a fait mal. Je ne le regrette pas. Cette épreuve a été révélatrice pour moi. Je sais que cet homme était honnête. Il aurait tout fait pour me rendre heureuse, mais il était évident que ma vocation était ailleurs. À l'époque, je le percevais avec maladresse. Le germe opérait sa maturation. Côté prétendant, l'apaisement est venu. Une amitié demeure. Ma navigation vers le grand large s'est affirmée. Échappée à l'influence d'une secte, enfin rassurée sur la direction à suivre pour déterminer mon choix de vie, j'ai poursuivi mes recherches. Quel sens donner à ma vie ? J'avais besoin de faire le point, d'évaluer mes capacités. J'ai décidé de me soumettre à un examen de niveau. Bravement, je me suis rendue au CIO (centre d'information et d'orientation). En me voyant arriver avec mon fauteuil, la formatrice est devenue livide : « Vous avez vu comme vous êtes ? » Nous, les handicapés, nous avons toujours droit à un style d'accueil très étudié. J'explique ma démarche :

« Je n'ai pas de diplôme, mais je voudrais connaître mon niveau.

– Pas possible si vous n'écrivez pas.

– Alors, posez-moi des questions, je ne veux pas repartir sans solution à mon problème. »

Finalement, la formatrice remplit elle-même les imprimés, en m'écoutant. Au final, le verdict est rassurant : « Niveau bac, intellect bon. » Réconfortée, je remercie. Un peu gênée quant à son accueil, mon examinatrice s'est excusée. Sa gentillesse m'a beaucoup touchée.

Sortant de là, je n'avais qu'un seul souci en tête : me rendre utile. J'en ai parlé autour de moi. J'ai rencontré la responsable de l'aumônerie. Son contact a été très encourageant. « Si tu veux tâter de l'aumônerie, viens voir, tu jugeras ! » À la rentrée scolaire 1998, j'ai rejoint près du lycée Jules-Ferry les sixièmes et cinquièmes. Je les ai suivis pendant trois ans. Les plus réguliers étaient les enfants envoyés par des parents croyants et pratiquants. Ce constat est général. Pas facile de les intéresser. Ils préféraient les « ventes charitables » sur le parking d'un supermarché. Il y avait de l'action. L'invitation à rejoindre « le coin prière », à participer à une messe de l'aumônerie laissait la plupart assez froids. En 2001, je suis passée dans le groupe des quatrièmes et troisièmes. Là aussi, pas facile ! Avec l'aumônier, on se creusait la tête pour trouver ce qui permettrait un échange. Ils écoutaient peu. C'est comme si tu crachais dans un violon. C'était très dur d'entendre certaines réflexions. Souvent, en rentrant au foyer, je fermais la porte et laissais les idées bouillonner en moi. J'en avais gros sur la patate. J'entendais des choses bouleversantes. Pour ne pas réagir, il aurait fallu que je sois blindée. On ne peut évangéliser qu'avec ses « tripes », j'en suis persuadée. Faire son boulot et puis... basta, ça ne me convenait pas. Je ne me sentais plus à ma place. Je me suis retirée. Sentiment d'échec, direz-vous ? Eh bien non ! Pour moi, cette entrée en catéchèse a donné un nouveau sens à ma vie. Sur le terrain j'ai senti, à cause même des difficultés rencontrées, l'urgence de la

« mission ». À travers des années de souffrances innombrables, dans un contexte sec, j'avais découvert le trésor sans prix de l'Évangile, de la présence vigilante du Christ. J'avais trouvé l'essentiel. Le contact avec cette jeunesse, gâtée par la vie, inconsciente de la fragilité de son installation dans l'existence, m'a poussée et me pousse encore à donner mon témoignage. Dieu seul sait ce qui se passe dans les cœurs. Quand je vois aujourd'hui d'anciens catéchisés devenus animateurs, je rends grâces. Non, je n'ai pas perdu mon temps.

L'arrivée à Roanne, en 1990, avait marqué mon entrée dans la vie de la cité. Après avoir failli sombrer, en 1996, j'avais poursuivi ma navigation vers le « grand large », vers la liberté... L'horizon s'élargissait. Le cap à prendre n'était pas évident. Mariage ? Pas mariage ? Danger de la secte ! Évasion vers Gerland. Là, en 1997, devant le Saint Sacrement, Toi, Seigneur, Tu m'avais donné rendez-vous. Tu m'as confiée à un prêtre. Tu l'as envoyé à Roanne où je l'ai retrouvé en 1998. J'avais, enfin, un accompagnateur spirituel. Il m'a guidée jusqu'à ce jour où j'allais pouvoir naviguer à l'étoile !

CHAPITRE VIII

JE NAVIGUE À L'ÉTOILE
De 2000 à 2007

Jusqu'à sept ans, ficelée sur une chaise, j'étais tendue vers le monde extérieur. Je voulais le découvrir. De sept à dix ans, je me suis plongée avec entrain dans l'école et l'exubérance des relations d'enfants. À dix ans, j'ai connu un début d'indépendance de la maison avec la vie d'internat, au CEM de Lyon. Là, un premier contact avec l'Église a déposé un germe dans mon âme. Au travers de mille épreuves physiques et morales, mon esprit et mon cœur ont pu Te deviner, Toi Seigneur, avant de Te reconnaître au jour fixé dans Ta sagesse. À vingt-sept ans, Tu m'as conduite dans ce monastère, où je me suis retrouvée devant Toi, devant le Saint Sacrement. Là, j'ai su que c'était Toi que je cherchais. Comment l'expliquer ? Je ne saurais le dire. J'ai ressenti une blessure profonde, sous forme d'une interrogation : « Veux-tu me suivre ? Veux-tu venir à moi ? » C'était un appel. Je ne le comprenais pas. Comme l'étoile apparaissant furtivement et disparaissant derrière les nuages du quotidien, cet appel devait me travailler jusqu'au rendez-vous que Tu avais préparé. De 1998 à 2000, pendant deux ans, j'ai navigué entre les obstacles, soutenue par mon accompagnateur spirituel, le Père Jorge Jimenez. Nous avions des rencontres régulières. Il m'a aidée à réfléchir sur mon appel spirituel. Avec lui, je vidais mon sac, en passant en revue tout ce qui pouvait favoriser le discernement. J'étais heureuse de ces échanges. Je ne pouvais m'ouvrir de tout ce qui me tracassait, sur ce plan, ni à ma famille ni aux connaissances de passage. En accord avec le Père Jorge, j'ai « testé » mon désir de vie spirituelle plus intense en prenant contact avec quelques communautés religieuses. Par l'OCH (Office chrétien des handicapés) j'ai recueilli des adresses. Courriers et coups de téléphone se sont succédé. Les réponses se heurtaient toujours au même obstacle. Handicapé mental ? On peut étudier le dossier. Handicapé moteur ? À quel degré ? Totalement dépendante ? Nous n'avons pas le personnel suffisant. Ça coûte trop cher. Nos bâtiments ne sont pas adaptés, etc. Les portes entrouvertes se refermaient. J'ai louvoyé pendant deux ans. Chaque réponse attirait un nuage épais. Il masquait mon étoile. Dieu aidant, je n'ai pas renoncé. Bien m'en a pris. À trente ans, en l'an 2000, j'ai vu un éclair embraser mon horizon. Pour moi, ce fut un cadeau merveilleux. Une amie du groupe de prière auquel je participais a décidé de s'engager dans la voie des « vierges consacrées ». J'ignorais de quoi il s'agissait. Elle m'a invitée à la cérémonie. Cette liturgie m'a bouleversée. D'un seul coup, tous les nuages ont été balayés. Dans mon ciel, l'étoile était revenue. Une véritable illumination. Je me suis dit : « C'est à ça que le Seigneur t'appelle ! » La nuit suivante, je n'ai pas pu dormir. J'étais débordante de joie, j'avais trouvé ! À trente ans, Toi Jésus, Tu as quitté ton atelier. À trente ans, je reconnais Ta voix. Je vais sortir du brouillard pour Te suivre. Alléluia ! Très vite, je parle au Père Jorge de mon désir de consécration. Avec prudence, il calme mes élans : « Il faut réfléchir, c'est un engagement total, tu dois peser le pour et le contre, ne brusque pas les choses, il faut l'accord de l'évêque, je suis là pour t'aider, nous en reparlerons. » Chaque mois, mon projet était repris. Mon accompagnateur descendait dans les détails : « Tu dois connaître tous les devoirs liés à cet état... » Dans ma tête tout tourbillonnait. Une bonne détente m'a évité une « surchauffe » mentale : les JMJ à Rome ! Me voilà partie en avion. À l'arrivée, je vois avec émerveillement sœur Emmanuelle. Elle me prend la main. Elle me regarde. Il me semblait que l'on se connaissait depuis toujours. Rome ! Quelle découverte pour moi ! J'étais portée par une foule de mon âge avec laquelle je me sentais en communion. Côtoyer des gens venant de partout, des inconnus, se parlant comme des frères et des sœurs, c'était merveilleux ! Quelle paix ! Quelle joie sur tous les visages ! À Rome, on vit une unité qu'on ne peut expliquer. Là-bas, le Seigneur est partout. À chaque angle de rue on le rencontre. On tourne la tête, on voit une basilique, une église, une chapelle... On se sent au cœur de la foi chrétienne. Pour moi c'était « la splendeur des splendeurs » ! Le climat de sérénité, la présence naturelle du « religieux », l'harmonie entre l'humain et le divin, tout cela me comblait. Après la veillée à Tor Vergata avec Jean-Paul II, je suis revenue à Roanne plus décidée que jamais. Mon cap était fixé ! J'en ai fait part à mon accompagnateur spirituel. Il m'a invitée à entamer les démarches auprès de l'archevêque. Je voyais cela comme une formalité relativement rapide. La Providence en a décidé autrement. Mgr Balland avait disparu au bout de quelques mois de ministère. Son successeur, le cardinal Billé, auquel j'ai adressé ma première lettre, a été touché à son tour par la maladie. Ma candidature avait reçu un début de réponse avec une convocation au service des vocations, à Limonest près de Lyon. Une amie, membre des vierges consacrées, m'avait accompagnée. La prise de contact a été « sportive ». Le prêtre, le Père Voisin, qui nous accueille s'approche de la voiture. Il découvre un premier problème. Mon amie, elle-même handicapée, lui dit : « Il va falloir que vous portiez Chrystelle, moi je ne peux pas. » Le prêtre s'exécute. Mon dossier est ouvert. Des tas de questions pendant trois quarts d'heure. Naïvement, je pense avoir tout réglé : « Alors que dois-je faire maintenant ? » Et le Père Voisin : « Moi, je ne peux rien décider, il faut attendre l'avis du conseil et la décision de l'évêque. »

Arrivée à Roanne, je guette tous les jours une réponse. Rien ne vient. J'apprends le décès de Mgr Billé. Un peu décontenancée, je me tourne vers le Père Jorge : « Que faire ? » Il m'encourage : « J'accepte de continuer une préparation avec toi mais, pour ton dossier, je ne peux rien faire. Il faut attendre que le successeur de Mgr Billé soit nommé, tu reprendras les démarches auprès de lui, car ce sera à lui de décider. » Le cardinal Barbarin est arrivé. Je me suis dit : « Cette fois je vais pouvoir avancer... » Je prends contact avec le secrétariat. Rendez-vous est fixé. Rendez-vous remis, repris, remis à nouveau, repris, etc. Devant mon insistance, le secrétariat s'inquiète : « Quel est votre problème ? » Bonne question. Au lieu d'obtenir un rendez-vous, je suis renvoyée vers le service des vocations. Déçue, je reviens vers le Père Jorge. Il me conseille : « Insiste et tu obtiendras un rendez-vous avec l'évêque, ton dossier doit sommeiller quelque part. » J'ai donc réitéré mes appels en insistant sur ma lettre de candidature que j'avais, en son temps, confiée à Thérèse de l'Enfant-Jésus. J'ai bien fait de lui confier ma cause. Ce n'était pas gagné, au départ, surtout dans mon proche entourage. Je me suis heurtée à des obstacles inattendus. « Tu es folle, tu as perdu la raison », me disait-on. J'étais traitée comme une extraterrestre. « Tu vas rater ta vie ! » Rien que ça ! Depuis toute petite, les propos décourageants avaient le don de me faire prendre le contre-pied. J'ai tenu bon. Au bout de six mois, j'ai obtenu la convocation du cardinal Barbarin pour le 20 mars 2003. Me voilà partie pour Lyon. Poussée sur mon fauteuil manuel par une amie carmélite (je fréquentais cette Fraternité du Carmel depuis des années), j'arrive à l'évêché. La porte d'entrée est à l'image du paradis. Difficile de pénétrer, même pour une handicapée. Pour ouvrir la porte, il faut pousser. Je ne peux pas. Mes bras ne répondent pas. Mon accompagnatrice doit jongler. Elle ouvre, la porte se referme. D'une main elle ouvre à nouveau et tient la porte, de l'autre elle saisit une poignée du fauteuil, de tout son corps elle pousse. Le premier barrage est franchi. Très aimablement nous sommes accueillies par la secrétaire. Elle nous dirige vers l'ascenseur. Second barrage : la cage est trop petite. Comment rentrer ? On démonte les cale-pieds. On comprime le tout dans l'habitacle. Mon accompagnatrice soutient mon buste qui tombe, rattrape mes jambes qui réagissent contre les parois, un vrai numéro ! Mais je voulais tellement arriver auprès du cardinal qu'il n'était pas question de revenir en arrière. Enfin, me voilà dans son bureau ! Je suis très impressionnée par la majesté du lieu. Aux questions de notre archevêque, je réponds de mon mieux. Au bout d'un moment, il s'inquiète : « Chrystelle, qu'est-ce qui vous arrive, je vous sens toute timide. » Je ne sais plus trop ce que j'ai dit, mais je me souviens surtout de l'inconfort de ma position. Je dérapais comme d'habitude sur mon fauteuil. J'avais mal. Je n'osais pas demander au cardinal de me remettre d'aplomb et je ne voulais pas interrompre cet entretien, capital pour moi. En finale, je souhaitais partir avec une décision claire : « Que dois-je faire maintenant ? » Réponse d'attente : « Je ne peux pas le dire tout de suite. Ne vous inquiétez pas. Ça va bien se passer, je dois d'abord demander l'avis du conseil et ce sera bon. »

Mon amie carmélite vient me reprendre. Dehors elle calme mon inquiétude : « Ce sera sûrement positif. Le cardinal ne peut pas te donner une réponse immédiatement. »

Revenue au foyer, à Roanne, je guettais le courrier. Pour nous, handicapés, le temps ne compte pas et, pourtant, par moments il se fait long. Des mois ont passé. Enfin, l'accord est arrivé. La noria des courriers a repris. Où aura lieu la cérémonie ? Le cardinal souhaitait la primatiale Saint-Jean. Impossible pour diverses raisons liées à mon handicap. Alors ? Roanne ? Bien, mais à quelle date ? L'agenda surchargé de notre évêque a entraîné des renvois d'une date à une autre, pour s'arrêter le 21 décembre 2003. Aussitôt, la préparation de la cérémonie s'est mise en route, d'une façon intensive. Déjà, avec le Père Jorge, j'avais exploré, article par article, le statut des vierges consacrées. Restait à mettre au point les rites de la célébration. Pendant des mois, une équipe liturgique s'est réunie au Sacré-Cœur de Mably. Chaque fois je retrouvais Geneviève, Marie-Cécile, Laurence, Marie-Françoise, Marcel, Louis-Antoine, et Caroline, l'ergothérapeute du foyer ADEP. Chaque détail de la cérémonie a été étudié et mis au point. Je tenais beaucoup à ce que ma dépendance physique n'entraîne pas de modification dans les rites. Les avis étaient partagés. En présence d'une difficulté, j'entendais : « La grande prosternation ? Tu n'y penses pas ! Tu ne peux pas bouger de ton fauteuil ! » Et Caroline apportait la solution : « Mais si, mais si, ne vous inquiétez pas, je vais vous montrer comment la soulever et l'étendre la face contre terre, sans lui faire de mal. » « Tu ne pourras pas lire les textes, il faudra que quelqu'un d'autre le fasse à ta place », disait l'une. « Mais si, tu liras les textes qui te reviennent. On les écrira en gros caractères et ça ira », disait une autre. Je dois une grande reconnaissance au Père Jorge et au dévouement de cette équipe. Tout a été réglé au mieux.

Le grand jour est arrivé. Le 21 décembre 2003 a transformé ma vie. Ce n'est pas peu dire. Je me suis engagée dans une voie qui donnait (enfin !) un véritable sens à mon quotidien. Depuis ce fameux soir, je sais pourquoi et pour qui je me bats. Sur mon faire-part, j'ai tenu à inscrire la déclaration de saint Paul aux Galates : « Ce n'est plus moi qui vis, c'est le Christ qui vit en moi » (Gal 2, 20). Enfin, je n'étais plus seule à la poursuite de mon étoile. Désormais, le Seigneur était là, en moi, avec moi. Et avec Lui, toute une famille spirituelle était autour de moi. Les peines et les joies prenaient une coloration toute différente. Ce n'était plus des événements ponctuant ma difficile navigation, c'était un dialogue personnel avec Lui.

La cérémonie de consécration avait été fixée à 16 heures, à l'église Saint-Étienne. Contrairement à l'habitude, c'est moi qui ai fait attendre le cardinal ! Incident de dernière heure, j'avais demandé à quitter le foyer ADEP au dernier moment pour éviter la pression de l'assemblée et essayer de trouver le calme. Mon cœur battait à tout rompre. Tous ceux qui souhaitaient participer à l'office (résidents, membres du personnel, bénévoles) avaient quitté le foyer pour rejoindre l'église. Installée dans le hall d'entrée sur mon fauteuil manuel, j'attendais... À l'église on m'attendait... Avec les handicapés, rien n'est simple ! Faute de communication, on m'avait « oubliée »... Vive le portable ! Un coup de fil et j'ai été récupérée. En entrant dans l'église, quelle émotion ! Beaucoup de monde, le cardinal, les prêtres, les diacres, les religieuses, ma famille et une foule d'amis, connus ou inconnus. Je ne savais plus où donner de la tête. « C'est trop beau, ce qui t'arrive ! Ce n'est pas vrai !... » Heureusement, tous les rites avaient été préparés avec minutie. Bouleversée, j'aurais été incapable de dominer le déroulement de la liturgie. Assisté du Père Gardes, l'archidiacre (devenu évêque d'Auch), et du Père Royer (curé de Saint-Étienne), le cardinal a officié avec ce mélange de simplicité et de grandeur qui tout ensemble met à l'aise et élève l'esprit. Beaucoup de témoins, parfois venus de loin, ont été marqués par la force et la profondeur de son homélie. Quant à moi, j'avoue que je n'ai découvert qu'après coup la portée de ses paroles. En visionnant, à plusieurs reprises, la cassette de cette soirée, je me suis pénétrée de son message. Et je continue. Chaque audition m'apporte du nouveau et nourrit ma méditation. Je suis touchée au plus intime de mes entrailles. Quelle abondance de grâces j'ai reçue ce 21 décembre 2003 ! *Mater Ecclesia !* L'Église est vraiment une maman. Ce soir-là, elle m'a engendrée à une nouvelle vie. Ma vie a été transformée. Je sais maintenant le sens de ma souffrance. Je sais pourquoi la louange déborde de mon cœur. Je sais pourquoi j'ai soif d'adoration. Je n'oublie pas ma dépendance. Je suis consciente de mes faiblesses. Je réalise, en même temps, la chance providentielle qui est la mienne d'être entourée, comme je le suis, par tant de frères et sœurs dans la foi. Merci à mes parents qui, sans le savoir peut-être, m'ont plongée dans un Corps aux richesses insondables en me faisant baptiser. Ma parenté, comme toutes les familles, a mille facettes. Papa et maman étaient plus que dubitatifs lorsque je leur ai annoncé ma volonté de m'engager dans les vierges consacrées. Aujourd'hui, ils se réjouissent de l'équilibre que j'ai trouvé. Mes grands-parents paternels, au courant depuis longtemps de mon évolution, m'ont toujours soutenue avec discrétion et avec tant d'affection ! Le 21 décembre, ils étaient rayonnants. Dans une vie tout en zigzags et en contradictions, comment ne pas reconnaître Ta main, Seigneur ? Grâce à Toi, je me sens bien dans ma peau. Longtemps, je n'ai réagi que dans l'immédiat. Maintenant, je prends du recul. Je sais en qui j'ai mis ma confiance. Avec Toi, je ne serai jamais déçue. C'est une sécurité. Physiquement, ce travail de mon esprit, l'éveil de mon cœur à la foi, a contribué efficacement à détendre, à contrôler mes contractures. Jamais je n'aurais pensé auparavant qu'il me serait donné de vivre dans la paix et l'espérance. C'est beau, c'est énorme de savoir où l'on va.

Dans ma « navigation à l'étoile » avec lui, Jésus, à la barre, j'ai pu maintenir et développer ma vie de relations. Je découvre toujours des merveilles, même dans les rencontres les plus pénibles. En moi, le mûrissement spirituel se fait, avec des hauts et des bas. Cette vie intérieure, en s'intensifiant, connaît des débordements. J'éprouve de plus en plus le besoin de témoigner. J'ai trop reçu de mes parents, des médecins, du personnel soignant, de l'Église pour me taire. Dans *Magnificat* (n° 173, p. 57) j'ai trouvé une citation du Père Loew, prêtre dominicain décédé en 1999, qui traduit bien ce qu'est pour moi, aujourd'hui, l'essentiel du témoignage : « [...] à chaque fois qu'un chrétien parle du Seigneur Jésus, il [lui] appartient [...] d'arrêter sur ces mots sa pensée et son cœur jusqu'à ce qu'un grand incendie aux flammes de respect, d'affection, d'intimité, d'admiration s'allume. »

Les flammes de cet incendie je les ai connues et je les connais, à certains moments. Elles me chassent hors de moi-même et m'obligent à parler. Concrètement, je le constate dans mes rencontres. La cérémonie du 21 décembre m'a fait connaître dans Roanne. La presse en a parlé. Des portes s'ouvrent. Des personnes m'abordent dans la rue. C'est le côté « lumière ». Certains réagissent différemment. Les portes qui s'ouvrent, les gestes d'accueil et d'amitié éveillent des réactions de jalousie, des propos blessants. C'est le côté « ombre ». Habituée depuis trente-six années à bagarrer pour me trouver une place, je reconnais que j'ai de la peine à oublier, même si je veux pardonner. C'est le poids de mon handicap. Je dois toujours payer le prix, de bien des manières. Toute ma vie connaît des ombres et des lumières. Pour nous, handicapés, les ombres qui envahissent notre cœur sont, la plupart du temps, le prolongement normal de la souffrance, physique et morale, imposée par notre état. Par exemple, pour préparer ma consécration j'ai beaucoup lu. Fin 2003, mes yeux ont lâché. Rendez-vous en urgence, à Saint-Étienne. J'ai vu l'hésitation du professeur, muré dans le silence. Le verdict est tombé : « Les vérifications concordent. Votre vue est fragile. Vous faites des allergies au pollen. Vous avez dû forcer ces derniers temps. Il faut arrêter. Je vous donne un traitement. » Ce n'est qu'en septembre 2005 que j'ai pu recommencer à lire, peu, mais régulièrement. Pour les offices auxquels je suis tenue, j'utilise la radio (Radio Espérance ou RCF) et le livret *Magnificat* édité mensuellement en gros caractères. Par moments, je craque et je redémarre. Je suis soutenue. Philippe, un frère de notre groupe de prière du Buisson ardent, m'a tirée d'affaire. Il a fini par trouver lecteur et radio adaptés à mon cas. Avec un DVD qui va jusqu'à mille titres (et les capacités actuelles quasiment illimitées), je peux écouter la parole de Dieu, les offices, les enseignements, la musique variée, les chants de louange (que j'aime beaucoup), etc. Philippe a procédé au réglage de l'appareil. Il m'a procuré une télécommande manipulable par la main gauche. Il m'a préparé une fiche, en format A4, en lettres grossies, me donnant le code des émissions. Maintenant j'ai toutes les facilités pour laisser les voix extérieures entrer dans mon studio. Merci Philippe ! Voilà pour la lumière ! L'ombre extérieure revient vite. Pour une raison très simple. Notre âme est emprisonnée derrière les barreaux de notre corps meurtri. Le défi du handicap ne peut être relevé que par le haut. C'est le *Sursum corda !* « Élevons nos cœurs ! » C'est l'appel insistant de l'Église. Pour y répondre, la tâche est rude. Je l'ai constaté (une fois parmi tant d'autres) à Lourdes en 2004.

Lors du pèlerinage diocésain de Lyon, les malades de l'hospitalité ont été invités à écouter le témoignage de Jean Téli, du diocèse d'Angoulême. Ce « miraculé » nous a raconté sa guérison de la sclérose en plaques. Son témoignage était très beau. Mais il n'a pas provoqué chez tous les mêmes réactions. Je le répète, relever le défi du handicap, c'est une tâche rude. Le soir, dans notre chambre, quelques compagnes, atteintes de la sclérose en plaques, pleuraient à chaudes larmes. « Pourquoi lui, il a été guéri ? » Je ne savais que dire. Dans mon cœur, je pensais : « Seigneur, tout ce que Tu permets, c'est pour notre bien... », mais je n'osais répéter cela à haute voix. Je leur ai quand même avoué : « Vous savez, moi, je ne viens pas à Lourdes pour demander ma guérison. » Et elles de protester : « Oui, pour toi c'est facile ! Tu n'as pas la même pathologie. » Leurs réactions étaient douloureuses. « Pour toi, c'est facile !... » Ciel ! Si elles savaient ! Comment leur expliquer mon combat, mes moments de saturation, mes « résurrections » à répétition ? Je pensais : « Seigneur, à Toi de jouer ! C'est trop difficile pour moi ! Toi, Tu sais faire. Viens les aider, comme Tu as fait pour moi. » Elles pleuraient, c'était pesant. Ombres et lumières, rires et larmes. C'est notre lot. Pour aller vers les autres, pour témoigner, il faut que le pont soit solide. Ce pont est tout intérieur. Il se construit pierre par pierre, au fil des épreuves qui les retaillent, au fil des joies qui les cimentent. Chaque pierre, c'est un événement, une rencontre, un enseignement qui apporte un « souffle » de l'Esprit.

Ce souffle, j'en ai besoin. C'est ma vie. Plus les jours passent, plus je sens la contradiction permanente dans laquelle je vis. Au contact de la parole de Dieu, de la liturgie, des temps de prière et d'adoration, seule ou avec les frères et sœurs du groupe de prière ou avec les groupes de l'assemblée eucharistique, je constate en moi une évolution profonde. J'ai le sentiment d'être une étrangère dans beaucoup d'endroits. L'Évangile nous le dit : « Nous sommes dans ce monde, mais nous ne sommes pas de ce monde. » En regardant autour de moi, j'ai l'impression que l'être humain est en train de saccager et de détruire tout ce que Dieu lui a donné. Je sais qu'il existe des personnes, des petits groupes qui réfléchissent, travaillent, prient, s'organisent pour faire entendre et faire appliquer, dans sa sagesse, le message du Christ. Dieu a suscité un prophète et un saint en nous donnant Jean-Paul II. Benoît XVI a pris le relais en nous rappelant, dès le début de son pontificat, que « Dieu est amour ». J'ai lu cette encyclique avec joie. Quelle profondeur ! Quelle clarté, face aux discours confus et contradictoires de la majorité des médias. Je comprends mieux pourquoi Benoît XVI nous explique que les relations entre les personnes, entre les pays dépendent d'abord de la conversion du cœur de chacun. Plus je me tourne vers le Seigneur, plus mon cœur respire et trouve la paix. En mai 2006, dans l'église Saint-Étienne, à Roanne, j'ai passé une heure avec la Fraternité des malades devant les reliques de sainte Thérèse de l'Enfant-Jésus. Je me suis sentie très proche d'elle. Comme elle, je dois lutter jusqu'au bout, tant sur le plan physique que spirituel. « Être l'amour, au sein de l'Église ma mère... » Être un signe d'espérance, au sein d'une société qui court à sa perte. Vivre la spiritualité d'une Madeleine Delbrêl.

Notre journée est tellement stressée. Tous (et moi comme les autres), nous courons à gauche, à droite. Le confort s'est développé. Il a multiplié les besoins.

Il y a toujours une démarche à satisfaire. Vivre en surface devient vite le synonyme de « vivre ». Cette accélération des occupations qui meublent les heures est desséchante. J'ai lu récemment une réflexion du philosophe Gabriel Marcel. Parlant de la prière, il écrivait : « S'abstenir de prier, c'est refuser de se laisser aimer. » Cette phrase est pour moi une lumière. Je comprends mieux pourquoi je ne peux pas me passer de la prière et, surtout, de l'Eucharistie. Aimer, être aimé, se savoir aimé, c'est ce qui remplit la vie. C'est ce que je ressens dans les moments consacrés à l'adoration et surtout à la louange. Oui, j'ai une réponse. Je réalise que je suis aimée, aimée de Dieu. Mon cœur déborde de Présence. Sans la prière, sans ce contact avec « le vivant » (dont nous parle l'Apocalypse), c'est le vide, le désert. Je constate que Gabriel Marcel, cet universitaire à l'activité cérébrale intense, a connu le vertige dangereux du vide. Il ajoutait : « [...] si nous nous abandonnons au sentiment d'une solitude irrémédiable, c'est comme si nous ne permettions pas à Dieu de se joindre à nous. » Cette solitude sans remède, je la vois dans nombre de personnes, valides ou invalides, que je côtoie. La solitude entraîne l'attirance du vide. Ce gouffre sans fond est creusé à coups de « à quoi bon ? » J'ai connu ce combat. Cette question ressurgit par moments. Je me dis : « À quoi ça sert de peiner chaque jour sur ton fauteuil électrique ? Suis-je vraiment utile ? Pour qui ? Pour quoi ? » Physiquement je me sens impuissante. Je n'existe que pour les autres. D'ailleurs, certaines personnes le soulignent sans pudeur :

« Vous faites quoi dans votre journée ?

– Je réfléchis, je prie...

– Vous ne faites que ça ? »

Je comprends ce genre de réaction. Longtemps j'ai été barrée dans ma réflexion. Au fond de mon lit d'hôpital, j'ai souvent senti le vent de la défaite. Pourquoi n'ai-je pas coulé ? Dieu a son heure pour chacun. Il m'a accordé une grâce particulière, celle de découvrir sa présence, de chercher sa présence, à tout moment. Le cauchemar de la « solitude irrémédiable » est balayé par la louange. Merci, Seigneur ! J'aime beaucoup Te parler avec les psaumes. Le psaume 22, quelle merveille ! « Sur des prés d'herbe fraîche tu m'as fait reposer. » Prendre le temps... Prier... Prendre du temps pour Toi, c'est vraiment la meilleure façon de combler le vide de la solitude. Cette solitude nous guette, même dans les moments où nous sommes très entourés. Prendre le temps du silence pour rentrer en soi et Te retrouver. Sinon on multiplie les gestes, les paroles en surface (même à la messe) et l'habitude remplace la profondeur. Le travail de l'intériorisation est sans fin, les découvertes s'enchaînent au moment voulu par Dieu. C'est ainsi qu'il m'aura fallu arriver au dimanche de la Miséricorde, ce 15 avril 2007 à Paray-le-Monial, pour prendre conscience d'une réalité que j'étais bien incapable de soupçonner. Comment traduire ce que je crois avoir compris ? « Le regard de Dieu sur chacun est toujours chargé d'une miséricorde infinie, et cela depuis toujours », ai-je entendu affirmer. Cette phrase, j'ai dû l'entendre bien des fois à Paray. Elle ne m'avait pas frappée outre mesure. Pour moi, elle ne faisait que rappeler la bonté de Dieu. Chose normale. Ce qui m'a interpellée, c'est la position que, moi, j'étais invitée à prendre face à cette miséricorde, pour qu'elle puisse agir en moi. Je devais m'accepter telle que j'étais avec mon corps et mon cœur. Je devais accepter mes limites, mes faiblesses. Je devais d'abord me réconcilier avec moi-même, et alors seulement la miséricorde de Dieu, son amour infini, pourrait s'exercer en moi. Me réconcilier avec moi-même pour que Dieu puisse déverser en moi toute la puissance transformante de sa miséricorde. Comment ne pas louer pour cette découverte ? Comment ne pas remercier Jean-Paul II, vivante image de l'efficacité de la miséricorde, à la suite de sœur Faustine ? Son discours aux handicapés m'a émue aux larmes. J'ai le don des larmes, c'est précieux.

Depuis toute petite, le Seigneur me demande de me laisser faire. Il m'a donné la grâce de l'abandon. Cela, je ne pouvais pas le découvrir seule. Un matin, à l'hôpital, je pleurais sans fin. J'ai dit au Seigneur : « Je n'en peux plus, je m'abandonne à Toi, fais ce que Tu veux. » Lui seul pouvait me rattraper. Chacun rentrait à son tour dans la chambre et débitait son « truc ». Je me sentais un numéro. Tous sont ressortis. J'ai craqué. Des larmes et des larmes. Que faire ? Que faire de tout ça ? Le Seigneur m'a entendue. Il attend qu'on soit au bout du rouleau pour intervenir. C'est sans doute ce que l'on appelle « passer par la croix ». Je me dis : « Si le Seigneur te donne de supporter tout ça, c'est qu'Il veut que tu te rapproches de Lui. » De là vient, j'en suis sûre, mon attachement à l'Eucharistie. Il y a plein de choses que je laisserais tomber par moments, parce que j'en ai plus qu'assez, mais pas ça. C'est Lui ou le vide. Tu as toujours été là pour m'empêcher de basculer dans le vide. Je me souviens d'une journée de récollection aux effets « meurtriers ». Un prêtre a soutenu que l'adoration était du temps perdu. Il nous suffisait, disait-il, à nous, malades et handicapés chrétiens, d'organiser des discussions pour nous entraider et pour évangéliser. L'Eucharistie et l'adoration, ce n'était pas utile. La discussion a pris un ton assez vif, sans parvenir à un accord. Cet affrontement m'a rendue malade. Pendant trois nuits, j'ai très mal dormi. Je pensais à une retraite vécue à Châteauneuf-de-Galaure. Dans la chambre de Marthe Robin, je m'étais dit : « Regarde ce qu'elle a vécu avec l'Eucharistie. Le Seigneur a été sa seule nourriture, sa seule force dans sa vie crucifiée. Pourquoi, toi, tu n'arriverais pas à supporter ton handicap ? » Le Père Michon, le prédicateur de la retraite, m'avait bouleversée au cours d'un entretien particulier. Tandis que je lui confiais combien j'étais touchée par sa façon de parler du Seigneur et de l'Eucharistie et quelle place tenait la messe dans ma vie, il me regardait attentivement. Au bout d'un moment, un long silence a envahi son bureau. Tout d'un coup, très ému, il a murmuré : « Je ne peux que vous comprendre, vous êtes un tabernacle vivant. » Ces mots m'ont transpercée. J'ai fondu en larmes. Le choc ! Un moment inoubliable ! Au repas qui a suivi, je n'ai rien pu avaler. Ce regard et ces mots me poursuivaient. Ils me poursuivent encore. Dans la réflexion du Père Michon, je reconnus le message de saint Paul aux Éphésiens : « Vous êtes le temple du Saint-Esprit... » Cette certitude guide ma méditation. Lorsqu'un poids m'envahit, j'ai le cœur lourd. Vous le devinez, pour moi le poids à soulever, c'est la question de mon avenir : « Que vais-je devenir ? Mes parents s'occupent de moi avec attention, qui va les relayer, lorsqu'ils seront "partis" ? Y aura-t-il une solution à mon besoin de contact avec une communauté priante et porteuse ? Combien de temps vais-je devoir lutter, seule, contre moi-même, dans un contexte desséchant et parfois hostile ? Les démarches entreprises pour rejoindre Paray-le-Monial vont-elles aboutir ? » Lors d'une procession, derrière le Saint Sacrement, dans le jardin du monastère de la Visitation, à Paray, j'ai entendu cet appel au plus profond de moi-même : « Viens près de mon Cœur ! » Cette locution se renouvela avec constance. Chaque jour, je guette des réponses à mes démarches. Je constate que ce projet d'installation à Paray n'est pas facile à réaliser. Mon handicap (toujours lui !) pèse de tout son poids. Je garde confiance. Je sais que le Seigneur ne laissera pas se produire quelque chose de mauvais pour moi. Quoi qu'il arrive ! J'en suis certaine. Je le constate à travers mes réactions. Il y a peu, j'avais assisté (comme tous les jours) à la messe chez les Petites Sœurs des Pauvres (si fraternelles pour moi). Moralement, je respirais mal. Je cherchais de l'oxygène. Je suis restée longtemps devant la statue de Marie. J'ai vidé mon cœur. J'ai confié mon projet de Paray, avec toutes mes interrogations. La réponse est venue sous la forme d'une nappe de paix envahissante et très douce. Entrée dans la chapelle comme un bloc de fonte, je suis ressortie toute légère, « abandonnée ». Dans ma démarche, j'ai reconnu les effets d'un enseignement reçu à Paray, au cours d'un week-end avec la communauté de l'Emmanuel. Le Père Kars nous avait expliqué longuement, et magistralement, à travers les Écritures, le plan d'amour de Dieu par Marie et avec Marie. Oui, elle est vraiment un refuge, et bien plus que cela ! Lorsque je me sens ainsi aimantée devant Marie qui me conduit à l'adoration de Jésus, je me demande si je suis normale. Mon accompagnateur spirituel m'avait déjà rassurée : « Ne sois pas étonnée, c'est ta vocation qui s'approfondit. » Il m'avait éclairée aussi sur une expérience personnelle. Un jour où je participais à l'Eucharistie, au moment de recevoir l'hostie, je me suis sentie comme en extase devant ce don. Ma joie débordait en torrent de larmes. J'aurais désiré rester des heures avec Lui. J'étais si bien. Le Père Jorge m'avait simplement dit : « Ne t'inquiète pas, ne cherche pas à comprendre. C'est le don des larmes qui est arrivé jusqu'à toi. Mais ne cherche pas à provoquer toi-même ce phénomène. » Le phénomène s'est reproduit tout seul. Je me suis demandé si j'étais malade. Je ne comprenais pas ce qui m'arrivait. J'étais dans la chapelle des Petites Sœurs des Pauvres, devant le Saint Sacrement. Silence complet. Je regardais l'hostie, tout simplement. Prière du cœur. Tout d'un coup, je me suis mise à pleurer. Les larmes coulaient, coulaient. Je pensais aux personnes qui étaient là. Je me disais : « Si quelqu'un te regarde et t'interroge, que vas-tu répondre ? » Je ne savais pas pourquoi je pleurais. Les écluses s'étaient ouvertes. Que faire ? Je devais retourner au foyer pour le repas. Je regardais ma montre. L'heure tournait. Je n'avais aucune envie de partir et je n'osais plus bouger : « Ce n'est pas possible ! Tu ne vas pas partir comme ça ! » Heureusement, j'ai pu sortir quelques mouchoirs. Je me suis quand même décidée à rentrer, les yeux bien tamponnés. Une grande légèreté m'a envahie. Quand tu vis ce genre de situation, tu n'as qu'une envie, c'est de louer, de mettre de la musique, de te libérer à haute voix par la parole et le chant. Dans la rue ou au foyer, je ne peux pas. On me prendrait pour une folle ! Et pourtant cette envie de louer et de rendre grâce me tenaille à longueur de journée. Plus je loue, plus j'ai besoin de le faire. C'est paradoxal ? Pas tant que ça : « Venez à moi, vous tous qui peinez, je vous soulagerai… Mon joug est doux et mon fardeau léger », nous dit Jésus. C'est pourquoi je suis prête à tout, dans la mesure où c'est la volonté du Seigneur. Cela m'a été confirmé, en août 2006, à Lyon lors de la retraite internationale des vierges consacrées. Nous étions 120 pendant quatre jours. Le cardinal Barbarin nous a enseignées. J'ai trouvé, en l'écoutant, la confirmation de ce que je vivais. Si l'accueil de la parole de Dieu transforme nos vies dans la méditation, nous a-t-il dit, l'Eucharistie demeure la source de tout amour et atteint son sommet dans l'adoration. Résumer en une phrase une journée remplie à ras bords par la liturgie, les temps d'adoration et les enseignements du cardinal (six interventions de plus d'une heure chacune), cela est bien pauvre, mais son insistance sur l'Eucharistie trouve en moi des échos aux harmoniques pénétrantes. Notre archevêque nous a fortifiées dans notre vocation. La vie quotidienne a tendance à banaliser l'essentiel. Dans le monde présent, comment définir notre vocation ? Nous n'avons pas de supérieure, pas de congrégation, pas de comptes à rendre à brève échéance. Nous devons obéissance à notre évêque. Il est loin. On le voit peu. Le rituel nous demande de participer aux temps de prière qui jalonnent la journée (laudes, vêpres, complies et surtout Eucharistie). Avec notre engagement à la prière et à la chasteté, le plus important, pour nous, reste de vivre dans la foi, dans la présence du Seigneur. C'est la prière du cœur. Elle illustre bien le thème de la visite apostolique de Benoît XVI en Bavière, en septembre 2006 : « Celui qui croit n'est jamais seul. » Cette présence de Jésus en nous ne se révèle, selon la formule du pape, que par les fruits visibles. « Être », c'est notre façon d'agir.

Et, pour moi, exister c'est me faire de plus en plus proche de Dieu. Mon accompagnateur spirituel m'a encouragée dans cette voie, en commentant le « don des larmes » : « Toute personne peut vivre ce don des larmes, m'a-t-il dit. Toi, tu aimes le Seigneur. Lui traduit son amour pour toi avec le don des larmes. Par contre, il faut que ce soit naturel. Si ces larmes sont provoquées, ça ne vient pas du Seigneur. » J'ai vérifié la justesse de ses propos. D'autres expériences m'attendaient. Notamment à Paray, j'ai connu des moments très forts. Je me souviens d'une date : le vendredi 3 février 2006, au soir, pendant la veillée, j'avais déposé au pied de l'autel ma question. En réponse j'ai reçu une parole : « Heureuse l'âme de celui qui craint le Seigneur ! Sur qui s'appuie-t-il et qui est son soutien ? » (Si 34, 17). Je n'ai pas compris tout de suite, mais, le dimanche suivant, tout s'est éclairé. J'étais devant le Saint Sacrement et j'ai perçu nettement une « locution » (une parole intérieure) : « Laisse-toi modeler par moi et n'aie pas peur ! » Surprise ! Je n'ai pas provoqué cette phrase. Je n'y pensais même pas. J'ai dit : « Bon, d'accord ! » Ça, c'était clair. Ça fait bizarre quand ça t'arrive. Tu es toujours étonné quand l'Esprit Saint intervient. Heureusement, tu sais d'où ça provient. J'ai tout de même recouru au discernement. J'ai demandé à deux jeunes séminaristes de passage ce qu'ils en pensaient. Ils ont lu à ma place (je lis mal) le chapitre 34 de l'Ecclésiastique. J'ai compris en écoutant le verset 13 : « Bien des fois j'ai été en danger de mort... » Vraiment c'est pour moi... Merci, mon Dieu !

Me laisser modeler par le Seigneur. C'est ce que j'aurai vécu depuis ma naissance. Très tôt, le Seigneur a mis en moi une soif d'authenticité, une soif de savoir. Très vite, j'ai cherché la vérité dans tous les domaines. Constamment le Seigneur m'a relevée. Il a fortifié mon esprit. Il m'a appris à regarder le malheur en face pour le dépasser. Il est clair, pour moi, que les handicapés, dans l'opinion, sont des condamnés. La meilleure preuve est que tout est fait pour les empêcher de naître, sur la base d'un diagnostic aléatoire. Moi, je réalise que je suis une « survivante », si heureuse de vivre, et j'ai découvert toute la richesse qui me comble. Oui, je suis gâtée. Je vais à la messe chez les Petites Sœurs des Pauvres. Régulièrement je me retrouve chez les Carmélites apostoliques de Lyon. Chaque semaine, je retrouve les frères et les sœurs de la Communauté de l'Emmanuel en « maisonnée ». Le mardi, je rejoins le groupe de prière du Buisson ardent à Saint-Roch. Je suis comme un poisson dans l'eau. Chaque jour apporte un plus.

Comment communiquer ce que je vis à ceux qui m'entourent ? Souvent je me pose la question. Dans ce domaine, le cinéma, ça ne sert à rien. Je sens de plus en plus qu'il suffit d'être moi-même. Entre l'individualisme indifférent du monde des bien portants et l'immense détresse des cohortes de handicapés, il ne reste que la force de l'Esprit. Désarmée, je dis au Seigneur : « Tu m'as aidée, à Toi de jouer ! Sans Toi je ne serais plus là. Les autres attendent. » Mais Lui, le Seigneur, m'a répondu, en 2006, à l'archidiaconé, lors de la journée d'adoration pour le respect de la vie : « Sauve les âmes ! » Pour le coup, je me sens dépassée. Il ne me reste qu'à répéter ma volonté de consécration : « Je m'abandonne à Toi ! » Le 1er décembre 2006, à Paray, j'ai entendu Mgr Rivière, l'évêque d'Autun, nous expliquer la spiritualité du Père de Foucauld. Il a établi un parallèle entre la vie cachée du père et son rayonnement dû au fait qu'il vivait totalement sa foi. Je me suis dit : « Voilà un chemin pour toi. » Il a souligné également la place donnée par le Père de Foucauld à la souffrance et à l'amour : « Si vous souffrez et qu'à la fois vous aimez autour de vous, vous avez tout ! » Aimer les autres en aimant le Seigneur. Pour moi, c'est l'essentiel. J'ai retrouvé le levier de ma vocation : m'abandonner. Me voilà sereine et dans la paix.

CONCLUSION

DANS LA TEMPÊTE, L'ÉTOILE A SURGI...

Aujourd'hui, je suis sereine et dans la paix. Avant d'en arriver là... quelle aventure !

Depuis ma naissance, ma vie aura été constamment menacée. Ma navigation aura été laborieuse. Ma barque a chaviré mille fois. Mille fois j'ai bu la tasse. J'ai cru disparaître dans les remous de mes souffrances et de mes angoisses. Tel le barreur, je me suis acharnée. Maintes et maintes fois je me suis dit : « Tu ne remonteras pas ! » J'ai crié, j'ai hurlé. Je me suis accrochée à la barre. Je suis remontée à la surface. Un souffle inconnu a poussé ma barque vers des eaux plus calmes. Après trente années de combat, le ciel s'est dégagé. J'ai reconnu mon étoile. « J'ai trouvé Celui que mon cœur aime, je l'ai saisi et je ne le lâcherai pas » (Ct 3, 4). Il est là. Il tient ma main sur la barre. Son Esprit souffle sur ma voile. Grâce à Lui, je découvre la vie, le monde et ses merveilles. Elles défilent le long de mon fragile esquif. Mon compas ne me trompe pas. Je suis en route vers le port. Le voyage est magnifique. La vie est belle ! Oui, malgré le poids du handicap, je suis heureuse de vivre. Je goûte à plein tout ce qui m'est accordé. Auprès de Toi, Seigneur, je ne rêve que louange, action de grâces et adoration, dans l'espérance du face-à-face sans fin. Au jour de la Résurrection je marcherai ! « Je danserai pour Toi avec des cris de joie ! »

En la fête de la Visitation, ce 31 mai 2007.

TABLE DES MATIÈRES

Achevé d'imprimer sur rotative
par l'Imprimerie Darantiere
à Dijon-Quetigny en
juillet 2008

N° d'impression : 28-1031
Dépôt légal : juillet 2008

Imprimé en France